永恒的智慧

The Eternal Wisdom: On the Perennial Philosophy

长青哲学论略

王子宁 著

商务印书馆
The Commercial Press
创于1897

图书在版编目(CIP)数据

永恒的智慧:长青哲学论略/王子宁著.—北京:商务
印书馆,2023(2024.5重印)
ISBN 978 - 7 - 100 - 22391 - 1

Ⅰ.①永… Ⅱ.①王… Ⅲ.①哲学—研究 Ⅳ.①B

中国国家版本馆 CIP 数据核字(2023)第 074969 号

永恒的智慧
长青哲学论略

王子宁 著

商 务 印 书 馆 出 版
(北京王府井大街 36 号　邮政编码 100710)
商 务 印 书 馆 发 行
北京中科印刷有限公司印刷
ISBN 978 - 7 - 100 - 22391 - 1

2023 年 11 月第 1 版　　　开本 880×1230　1/32
2024 年 5 月北京第 2 次印刷　　印张 7⅝
定价:45.00 元

上海和合文化发展基金会
Shanghai Harmony Culture Development Foundation

公益项目成果

推荐序一

楼宇烈

三年前，子宁贤契与张卜天先生一起翻译出版了《长青哲学》一书，然后在此基础之上完成了她的博士论文《赫胥黎〈长青哲学〉的宗教观研究》。当时参与答辩的老师们认为这是一篇优秀的博士学位论文，也是国内第一篇系统介绍长青哲学流派的长文，有填补学术空白的意义，而且文笔流畅，读之有一种愉悦感。最近子宁说在此基础上修订形成了一本小书，准备出版，希望我能写一篇序言，让大家更好地认识长青哲学。我很高兴地浏览了她的这本"小书"，就此来谈一点我的肤浅体会。

"长青哲学"名字源于英文 Perennial Philosophy，其中 Philosophy 是哲学的意思，而前面的修饰词 Perennial 是指多年生的（植物），同时有持续、长久、永恒和反复出现的意思。也就是说，"长青哲学"是一门永葆青春与活力的学问，它贯穿古今，又贯通东西，听起来是一门哲学，但它又与宗教学、伦理学、心理学有密切的关系，乃是一门综合的学问，所以不能单纯归为现代分科意义上的哲学。这一概念据说起源于莱布尼茨，但子宁发现了更早的起源，不过让这个词具有广泛影响力的还是《长青哲学》一书。

《长青哲学》的作者是阿尔道斯·赫胥黎，他的祖父是托马斯·亨利·赫胥黎，被称为"达尔文的斗犬"。托马斯·亨利·赫胥黎是达尔文进化论的坚定支持者，但不赞同斯宾塞的社会达尔文主义。他认为社会进化与生物进化不同，并不适用"优胜劣汰，适者生存"的法则，强调人类必须"自我约束"。他写的《进化论与伦理学》本来是要批驳斯宾塞的社会达尔文主义，但严复翻译这本书的时候，只保留了原书生物进化论的部分，而其中的伦理学观点却被替换成斯宾塞的观点，这就形成了在近代中国产生巨大影响的《天演论》一书。他的孙子小赫胥黎自幼体弱多病，但凭借努力阅读和勤奋写作，成了一位卓越的人文主义者，尤其对灵性主题的学问情有独钟。小赫胥黎的《长青哲学》一书不只是论述说理，还大量引用神话、寓言、诗歌、公案等并进行灵活解读，所引用的文献不仅有西方中世纪那些注重心灵感应的神学家的论著，也有印度《吠陀经》《薄伽梵歌》、佛经，还有伊斯兰教经义、诗歌，更有中国道教、老庄、禅宗语录、公案等。他说："如果你我并非圣贤，那么在形而上学领域，我们的最佳选择就是研究圣贤们的著述，他们因为改变了自己凡人的存在方式，从而超越了凡人的境地和知识范围。"

长青哲学关注的主题是如何认识"神圣本原"并与之合为一

体，子宁小书的主要篇幅就是对此进行梳理和论述。神圣本原是存在于万物、生命、心灵背后"那个"内在而超越的实在，它可以有很多个名字："绝对者"、"无相之神"、"梵"、"原神"、"天地之始"、"本来面目"、"那个"，等等。它无法被描述、难以被理解，但可以被感受和领略，赫胥黎因此重直觉而轻理性，他提倡"合一认识"，认为理论研究不如"充满爱、心灵纯洁、精神谦卑"更能达成这一目的。这种"合一认识"其实不仅仅是一种认识，还包含了人在自身心性上的改变和提升，与中国传统文化中"重体悟"的精神是一致的，而且与"文化"的人文化成之义可以说有异曲同工之妙。

　　子宁把长青哲学实现"合一认识"的途径总结为四条：知、爱、行、修。知之途，是由直觉契入本原；爱之途，是通过无我之爱合于本原；行之途，是在日常的行动和工作中超越自我；修之途，是通过特殊的身心训练来亲证本然。在长青哲学的世界观中，万事万物相互作用、相互依赖，本质上不可分离，所以宇宙是统一的，万有是神圣的，存在是奥秘的，"万物比它们外表看起来要更为整合、更为美好，也更为神秘"；因此长青哲学要求人具备"谦卑、仁爱、诚实"的德性，从而使人能趋于无我、契入本原。其中发人深省的部分，是赫胥黎探讨"合一认识"中可能遇到许多"微妙的陷阱"，比如过分依赖机构与集体、有害的"虔诚"、偶像崇拜、沉溺于神通与超能力、情感主义、怀旧与理想主义等，其中很多是宗教修行中的常见问题。这部分不仅涉及思想理论，而且触及修行实践，希望读者能借着作者的视角和论述，去仔细体悟文中所展现的圣贤们的心得和经验。

书的最后一章探讨了长青哲学的宗教观和宗教探究方法，即以会通之视角，用寓言、神话与诗歌等多样化的文本形式，展示灵性的宗教、活的宗教与人的宗教，在叙事上注重突出精神、价值与意义的共时性。

在当今社会，世界各种宗教、哲学和伦理学相互映照，也不乏各种冲突。如何打破形式壁垒进行深层的会通，可以说长青哲学已经做出了巨大的努力，子宁的翻译、论文和著作可以方便中国人了解到这些内容。其实在这一主题上，中国的传统文化中还有大量丰富的资源，希望有更多的人关注这已有的成果，进而做出更多的阐发。

楼宇烈

2021 年 4 月 1 日

推 荐 序 二

张祥龙

王子宁博士撰写的《永恒的智慧：长青哲学论略》书稿，具有重要的学术意义，展现出作者掌握复杂材料的功力和透入终极本源的思想敏锐性，带来了一股难得的新鲜空气。以下分几个方面来阐述之。

首先，它研究的主题是很少见的，"长青哲学"对于仅以掌握材料和理智分析为长处的时下作派来说，真的是"长青"的或具有高耸的思想挺拔性的。其次，它对于宗教哲学的研究来说，又是一个关键性的问题。一切宗教，特别是大宗教之所以能够长久地成功，就是由于它们以不同方式应对了这个长青问题，即终极的意义源头和神圣性何在的问题。

再次，此书稿是以文明际的对比方式进行这项研究的，让读者看到在某一个文明和宗教范式里看不到的或不容易看到的东西，比如通过对比《庄子》与印度宗教及基督教，那些为我们所习惯的《庄子》风格，比如将手艺、现实生活与求至道天籁融为一体的修行方式，乃至诙谐诡怪复通为一的表述语言，就获得了新鲜面貌和异常的思想效应，这时它们就都是让我们进入"那就是你！"（印度者"梵就是我"的表述）的独特方法。

又再次，此稿虽然以解读和分析《长青哲学》为主，但作者同时掌握了大量的有关背景和著作，并对相关实践并不陌生，所以能做出各种角度的观察和比较，抓住要害处，每一章都有新鲜观点的呈现和思想亮光的闪动。

最后，此书稿的具体表达流畅准确，前后呼应，关键词与思路的交代清楚明白，所以对于认真的读者而言，会有相当好的阅读效果。

因此，我向贵社无保留地强力推荐此书稿，它的出版将会惠及广大的读者群。

即颂编安！

张祥龙

北大哲学系

辛丑年三月（西元 2021 年 4 月 22 日）

目　　录

前　　言

　　"前不见古人，后不见来者。念天地之悠悠，独怆然而涕下"，陈子昂登幽州台，歌而泣，泣而歌，千载之后如你我，读此诗亦不免兴天地今古之悲。而继"两个黄鹂鸣翠柳，一行白鹭上青天"之后，"窗含西岭千秋雪，门泊东吴万里船"两句，亦不动声色间将人的神思带至悠远，瞬时千秋万里，时空定格。

　　少时读这两首诗的感动，鲜活如昨，而这诗与思构筑下的心灵，渐渐长大，也渐渐明白，那种莫可名状的感觉，是被引动了的宇宙人生之思，虽仅算个端倪。《千字文》开篇"天地玄黄，宇宙洪荒。日月盈仄，辰宿列张"，浩瀚高远的宇宙背景中，绵延着人类的生息，"寒来暑往，秋收冬藏。闰余成岁，律吕调阳"。这无边的时空里，人究竟是怎样的存在？人生的终极意义是什么？闲居独处时，这些问题每每在内心浮起，亦渐次确知这并非我一人之思问，千载之上张若虚们亦曾问："江畔何年初见月，江月何年初照人？"大地之上，苍穹之下，人应该怎样活？人可以怎样活？古今中外那些伟大的灵魂，又进行了怎样的探索？他们发现了什么？他们的发现，彼此之间是同是异？不知不觉间，我似乎开始倾向于从更广大的时空来看自己和世界，学习上也喜欢在综罗比对中参详各家归旨，这种兴趣兀自汇成生命中的一股暗流，促使我在这条主线上阅读、参究与思考。久之，隐隐觉出似有个可会通处：不同时期、地域、文化背景、信仰体系的智者贤人，似乎经验和发现了某种相类的东西，他们似乎穿着不同的鞋、经由不同的路，回到了同一个地方——"家园"；而在他们抵达或说"归家"之后，也发生了某种相似的变化——变得充满爱、平静、宽容、谦卑，通达而智慧，和悦而美；他们的言说，则颇有引人深处参同的旨归——道家有《参同契》，禅家有《参同契》，印度《吠陀经》中说"真理只有一个，圣贤用不同的名字呼出"，白杨法顺禅师（1076—1139）示众云："顶有异峰云冉冉，源无别派水泠泠。游山不到山穷处，多被青山碍眼睛。"儒者陆九渊（1139—1193）道："东海有圣人出焉，西海有圣人出焉，此心同，此理同。"至晚近，太虚大师（1890—1947）说："人圆佛即成，是名真现实。"法国作家雨果（1802—1885）则似预先为这句话张目："升入神的道路，就是进入你自己。"莎士比亚（1564—1616）有句名言广为人知："玫瑰，换个名字，依然芬芳。"宗教史大家米尔恰·伊利亚德（Mircea Eliade, 1907—1986）则称述"宗教现象基本的一致性"及"表达上无穷无尽的新意"[1]。

---

[1] 〔美〕米尔恰·伊利亚德：《宗教思想史》第 1 卷，吴晓群译，上海社会科学院出版社，第 4 页。

博士入学不久，导师楼宇烈先生推荐的两本书——《物理学之道：近代物理学和东方神秘主义》（卡普拉著）与《事事本无碍》（肯·威尔伯著）更加深了我对这种"大道"和"无碍之境"的兴趣，于是按图索骥，读这两位作者的其他著述，发现前面这位物理学家和后面这位心理学家不约而同地提到，自己的思路源出于或汇归于一个"长青哲学"传统，只不过前者将"长青哲学"放诸物理学领域，后者则将之运用于心理学领域。那么，"长青哲学"到底是怎样一个传统？有没有代表性著作可以让人一窥其堂奥呢？我当时在中文文献中并没有找到更多线索。

巧的是，第二年我应张卜天老师之邀合译一本书，书名就叫《长青哲学》，作者阿尔道斯·赫胥黎。令人惊喜的是，在这本书中，赫胥黎凭借其卓越的学识和洞见，清晰地呈现了长青哲学这一传统的思想样貌。借由此书，我们可了解长青哲学家是如何考察、融会大量信仰形式中的精神信仰——包括禅宗、道家、印度教、基督教神秘主义和伊斯兰教苏菲派等，并解释这些信仰如何统一在人类追求超越这一共同愿望下。值得注意的是，其出入各文明系统、考察各大宗教之后，尤为推重传统的东方宗教尤其是佛教，认为"远东的大乘佛教是长青哲学的最佳表述"。《长青哲学》一书中对佛道文献引述颇多，涉及人物与经典有老子、庄子、六祖惠能、三祖僧璨、马祖道一、黄檗希运、雪窦重显、圆悟克勤、白隐慧鹤、了然尼，以及《楞严经》《楞伽经》《金刚经》《圆觉经》《法句经》《坛经》《信心铭》《永嘉证道歌》《碧岩录》《西藏度亡经》《大乘起信论》《三明经》《牧牛图》《西游记》等；大乘佛教之中，它又对禅宗评价最高，认为禅宗在见地上最为究竟，世界其他宗教教派及人物之最伟大者，均肖似禅宗。从赫胥黎此书来看，长青哲学传统关注东方宗教尤其佛、道教可谓既久且深，其熟稔和通达程度颇为可观。

人生百年，稍纵即逝，我们的生命与世界，"究竟有没有一个收敛的意义极，或者说是一个意义的终极源头"[①]呢？具体而言，如果没有，那么人、动植物、岩石、地球和宇宙，就只是偶然的暂时的存在，如李白在《春夜宴桃李园序》中说："光阴者，百代之过客也。而浮生若梦"。这样，"早死晚死、好活歹活，就只是前后相随和上下无常的过眼烟云，最后一切都拉平拉散。但是，如果有这么一个极，那么这一切就都不是散漫碰巧和势必泯灭无痕的了，而是有着根本的意义负荷，或者说是总有踪迹可言的。那样的话，我们的虚无感、抑郁感和恐惧感，就可能被一种全新的意义大潮荡涤，而生命和万物，就都是在实现这意蕴的道路上，它们的生存就成为一本精彩小说中的章节和文字，而我们经受的一切痛苦、成败，甚至死亡，就都有某种讲头可言了"[②]。长青哲学关注的文献为"天启"型文字或说"开悟者"的言教，瞩目的人物为心灵世界的杰出者，致力于从世界宗教的灵性部分中萃取意义非凡的智慧传统，探寻的恰是"意义的终极源头"。在赫胥黎《长青哲学》一书中译本推荐序中，张祥龙先生这样评述道："（它）代表了要去揭示这么一个意义发生极的卓越努力。它

---

① 张祥龙语，见〔英〕阿尔道斯·赫胥黎《长青哲学》，王子宁、张卜天译，商务印书馆，推荐序二，第 v 页。

② 同上。

引用了相当丰富的资料，加以诠释、疏通和延伸，形成对这个要害问题的多层次、多角度但又具有收敛方向的回答和展示。"[1] 其回应的问题和为回应此问题所做出的努力——譬如分为若干独立主题，引用极其丰富的资料，形成一种跨文化、跨宗教、跨语境、跨学科的交叉对比视野——都十分重要，其交叉视野所带来的综合感、立体感与新鲜感极富启发性，在这一点上，长青哲学的视角与人类学似不谋而合。

人类学的田野调查，是指前往某个遥远的地方，了解某个陌生人群的文化和生活。人们默认的这个关于田野工作的定义，其实暗含着这样一个看法，即"我们浸淫在自己的文化中，被它麻痹以致失去了洞察自己社会和生活的敏锐。因此，去异乡经历异样的生活和文化有助于生成对自身习惯的察觉和反思，亦即有助于所谓的'转熟为生'"，而"对于那些自认为熟稔的地方，我们的认识其实是不够的"[2]。俗语说"熟能生巧，巧能生华"，而许多时候，"熟"不仅不能生巧生华，反而还可能因"熟"而陈陈相因，层累至一种麻木；譬如在对本土文献的解读和对周遭事物的认识上，就某种程度而言，我们的"习焉而不察""日用而不知"，恰是因为言语、思维与感知方式过于单一和熟练，"不识庐山真面目，只缘身在此山中"的情形时时有之。不同宗教信仰、文化体系用不同文本样式和语言文字对同一主题进行表达，往往同中

---

① 张祥龙语，见〔英〕阿尔道斯·赫胥黎《长青哲学》，第 vi 页。
② 潘蛟：《转熟为生》，录于郑少雄、李荣荣主编《北冥有鱼：人类学家的田野故事》，商务印书馆 2016 年版，第 185 页。

见异、异中见同，这恰能延展、加深或翻新我们旧有的认识；而多维度、多领域交汇一处，所呈现的综合感和浑融感，对于当今学科分化与专业壁垒严重的孤单而狭窄的研究路向，亦应有所启迪。难能可贵的是，赫胥黎的《长青哲学》因其思想深度和明确主旨，能出入各家、纵罗万象而神不散。以《长青哲学》为中心文本展开对长青哲学传统的研究，相信对现代人的心智会有所启发，最终对世道人心有所裨益。

在我们之前，国内学界对《长青哲学》尚无译介，知者不多。然亦有学人对此书及其代表的长青哲学传统有所关注；赫胥黎此书在20世纪40年代的问世，亦有意无意间汇入了当时欧美思想界一股鲜明的潮流，即研究东方、寄望佛教。作为超克西方现代性危机的重要思想资源，佛教在西方学术界取得了较为稳固的一席之地，其他东方思想诸如道家、苏菲派、印度思想等，也在西方的学术界和文化圈受到瞩目。同时，西方学界也在本土思想传统中寻找资源，西方的神秘学传统被重新解读，"这个鱼龙混杂的领域类似于中国的术数或玄学，包含魔法、巫术、炼金术、占星学、灵知主义、赫尔墨斯主义及其他许多内容"，"事实上，神秘学传统可谓西方思想文化中足以与'理性'、'信仰'三足鼎立的重要传统"，而倘若不了解这个传统，"我们对西方科学、技术、宗教、文学、艺术等的理解就无法真正深入"①。毋庸讳言，神秘学传统虽内蕴生机与智慧，但浩瀚而芜杂，然而毕

①　张卜天语，《〈科学史译丛〉总序》，见〔澳〕彼得·哈里森《科学与宗教的领地》，张卜天译，商务印书馆2016年版，第iii页。

竟"人能弘道，非道弘人"，倘有优秀的思想者善加分辨其清浊高下并进行学理上的提纯，则有望很好地呈现其价值。阿尔道斯·赫胥黎无疑属于优秀的思想者行列（其《美丽新世界》等多部享誉世界的经典著作足以证明这一点），可喜的是，他对神秘学传统做了这项工作，用其慧眼选择了梳理和阐释长青哲学这一支。荷兰学者乌特·哈内赫拉夫在《西方神秘学指津》中，称长青哲学为"长青主义"，将其归入"传统主义"行列；他认为，在赫胥黎的《长青哲学》之后，"传统主义最佳的现代专著是 Mark Sedgwick, *Against the Modern World* (Oxford University Press: Oxford/New York 2004)；关于导向美国长青主义的接受史，参见 Setareh Houman, *De la philosophia perennis au pérennialisme américain* (Archè: Milan 2010)。Robin Waterfield, *René Guénon and the Future of the West* (Crucible: Wellingborough 1987) 是一部用英文写成的关于盖农的简短通俗传记，Jean-Pierre Laurant, *René Guénon* (Dervy: Paris 2006) 是一部更为全面的权威法文著作。Xavier Accart, *Guénon ou le renversement des clartés* (1920–70) (Edidit/Archè: Paris/Milan 2005) 生动地记录了盖农在法国的影响。关于像舒昂、纳斯尔或史密斯这样的重要人物，参见 Sedgwick and Houman。研究尤利乌斯·埃沃拉的最好专家 Hans Thomas Hakl 已经写了多篇介绍和文章来讨论埃沃拉，但尚无内容全面的专著问世"①。说明长青哲学传统尚有其当代绵

---

① 〔荷〕乌特·哈内赫拉夫：《西方神秘学指津》，张卜天译，商务印书馆 2018 年版，第 229 页。

延，虽无浩瀚之势，却不绝如缕。

近年来，学界越来越关注跨文化、跨学科、跨领域研究，宗教学研究也更深地意识到跨教派交流和跨宗教之"变化语体"的重要性，这对宗教学本身的研究视野和方法无疑有着重要的启迪和丰富作用。目前，中国学界对道家和佛教的研究，涉及文献考订、思想史梳理、义理分殊、社会影响等诸方面，但主要依附本土语境，其中自然不乏卓见者，而毕竟视野愈辽阔，认知愈深入，从这个角度讲，长青哲学对于国内佛教、道教的研究，在视角和方法上应颇有参考价值；而经由了解长青哲学的视角，也可以丰富中国学界对印度教、伊斯兰教、基督教、天主教等其他东西方宗教的认识。

国内有不少对赫胥黎的研究，多集中在文学领域，其中研究最多的莫过于其跻身"反乌托邦文学三部曲"的《美丽新世界》。当人类狂热追逐科技发展时，赫胥黎试图通过小说唤醒人们的危机意识，《美丽新世界》的一个核心主题，便是揭示与警惕政府无孔不入的社会控制，借由此书，"赫胥黎警示了国家政权形式多种多样的意识形态宣传术……'通过非暴力的方式操纵环境，操纵个人（包括男人、女人还有孩童）的思想、情感'"，赫胥黎设想的方式包括"通过取消家庭实现的性自由、麻痹思想与意志的化学试剂、通过科技改变人类基因构成"等，"'新世界'里的人们自觉反对任何破坏性和创造性的反抗冲动"[①]。以上为较有

---

① 高文婧：《维勒贝克小说中的乌托邦研究》，华东师范大学博士学位论文，第122页。

代表性的对《美丽新世界》的研究结论。此外亦有对赫胥黎其他文学作品的研究，诸如《旋律的配合》等。大多数研究者耕耘于英美文学领域，在较普遍的认识里，赫胥黎是一位杰出的"反乌托邦"作家，其作品是对于极权统治、工具理性以及人性遭遇奴役的警示，其精神世界的特质在于对现代性的反思和对现代社会中人的自由和尊严的观照。这基本上已是学界共识，不可谓不正确，然而，这仅仅触及了一个层面与向度。鉴于文本选择与研究角度，对阿尔道斯·赫胥黎的认识，人们往往局限于其可观的文学成就；正如对其祖父亨利·赫胥黎的了解，"往往也只局限于他对进化论的偏爱和他与达尔文之间的友谊等这些肤浅的印象上"①，更有不明就里者将祖孙二人混淆，此种情状无疑有些令人遗憾。赫胥黎深邃广阔的精神世界，在更深层次上是由其宗教探索与哲学思考支撑的；在中国学界，更鲜为人知的是，他在源远流长的长青哲学上用力颇丰，自诩为"长青哲学倡导者"，这一点集中体现在其《长青哲学》一书中。

在"祛魅"大时代背景下，但凡超逸出"科学""理性"者，便被打量一番，悬搁起来，不能无视又不肯正视，渐至陌生、疏离，觉得"神秘"，因此诸多源远流长的精神传统被冠以"神秘主义"之名。在一段时间内，长青哲学在现代学科划分上也被纳入"神秘主义"旗下。

---

① 柯文涌：《副现象论在当代心灵哲学的发展路径及其争鸣》，华中师范大学硕士学位论文，第18页。

　　关于国内学界对神秘主义的研究现状，王六二先生曾做过较为详尽的综述："（神秘主义）作为宗教的核心和奥秘之所在，作为民族文化之一部分，近年来，受到我国一些学者的重视和关注，取得了可观的研究成果，积累了相当的研究资料，主要集中在三个方面：一是对典籍的翻译，如《五十奥义书》《西藏度亡经》等。二是对经典著作和研究著作的翻译，如铃木大拙的《耶教与佛教的神秘教》，马丁·布伯的《我与你》等；以及对散见于西方宗教学著作中的有关内容及相关重要研究著作的翻译。三是对各种宗教神秘主义的研究，如萨满教、禅宗、藏密、道教中的神秘主义，以及印度的瑜伽和克里希那崇拜、犹太教的喀巴拉和哈西德派、中世纪基督教神秘神学和隐修主义、伊斯兰教苏非派等。"① 可以看出，国内学界对西方神秘主义的研究尚处于译介阶段。张祥龙先生对神秘主义瞩目较多，还曾设想出版一套介绍世界各种神秘主义和相关研究的丛书，但由于种种原因，最终这套丛书"只在中国致公出版社付印了四本就草草收场"②，这四本书分别是《不死与自由：瑜伽实践的西方阐释》《神学的灵泉：基督教神秘主义传统的起源》《与神在爱中相遇：吕斯布鲁克及其神秘主义》《信仰的深情：上帝面前的基督徒禀性》；2012 年张祥龙先生译出吕斯布鲁克《精神的婚恋》一书，并在译者导言中对此书及其

---

① 王六二：《近现代神秘主义研究状况》，《世界宗教研究》2001 年第 3 期。

② 张祥龙语，《〈精神的婚恋〉译者序》，见〔比〕J. V. 吕斯布鲁克《精神的婚恋》，张祥龙译，商务印书馆 2012 年版，第 xvi 页。

代表的基督教神秘主义进行了言简意赅的介绍与评述，此译本附录《吕斯布鲁克及其〈精神的婚恋〉中的"迎接"的含义》及《吕斯布鲁克神秘体验论中的时间意识》两篇论文，对基督教神秘主义的精神内涵和意义进行了高屋建瓴的阐发："由于它（基督教的爱情神秘体验论）较少依赖教条的和观念上的学说，而注重从人的直接体验中获致气象万千的意义境界，因而对于未来人类思想和精神的潮流可能会有某种影响。"[①] 事实上，这一阐发不仅适于吕斯布鲁克所代表的基督教爱情神秘主义，而且也适于其他高品质的神秘主义传统，包括长青哲学。

本书以长青哲学对宗教的解读为主线，以《长青哲学》一书为中心文本，探究长青哲学这一传统看待世界宗教的视角和解读宗教文献的方法，尝试在一个较大的坐标系里探讨佛教、道家、苏菲派、基督教神秘主义等灵性思想，着重研究西方神秘学传统对世界灵性宗教的认识、东方宗教对西方神秘学传统的影响及世界各宗教灵性传统对人类精神贡献的实质等，在长青哲学主题之下形成各宗教思想间的对话，并借此思索宇宙实相与生命意义。

梁漱溟先生倡导：学问是解决问题的，真正的学问是解决自己的问题。休斯顿·史密斯告诉世人：我之所以回溯世界伟大的智慧传统，主要是为了对自己无法回避的问题有所帮助。[②] 徐梵

---

① 〔比〕J. V. 吕斯布鲁克:《精神的婚恋·附录》，第 210 页。
② 〔美〕休斯顿·史密斯:《人的宗教》，刘安云译，海南出版社 2017 年版，第 8 页。

澄先生说:"治学,应是为了人生。"① "我们不是为学术而学术,却是为人生而学术。"(*Non scholae, sed vitae discimus.*)这句箴言在西欧学界人们耳熟能详。研究长青哲学,根本而言,也是在研究我们自己。

---

① 徐梵澄:《商羯罗生平初探》,《世界宗教资料》1993 年第 2 期。

第一章 长青哲学述略

　　每一种文化体系都有其大传统与小传统、主流和非主流；正是在这种多元并存的巨流中，一个文明体系始成其丰富与活力，人的精神也于此间得到多个向度的激发、延展和安顿。从思想层面看，"神秘主义"传统可谓一种关涉、研究、传承"神秘"知识的学问，这门学问驳杂渊深，被统称为"神秘学"。"神秘学"传统可谓西方思想文化中与"理性""信仰"鼎足而三，"不了解神秘学传统，我们对西方科学、技术、宗教、文学、艺术等的理解就无法真正深入"[①]。令人瞩目的是，近数十年来，神秘学在宗教学和其他人文学科中引起了越来越多的关注，之所以有这种发展，荷兰学者乌特·哈内赫拉夫（Wouter J. Hanegraaff）认为："是因为人们越来越意识到，我们思考西方文化及其历史的传统方式可

[①] 张卜天语，《〈科学史译丛〉总序》，见〔澳〕彼得·哈里森《科学与宗教的领地》，第 iii 页。

能一直忽视了某种重要的东西。我们正式的欧美文化身份除了一些众所周知的支柱，即犹太教和基督教的标准宗教传统、理性哲学和现代科学，似乎还存在着另一个维度，对此我们通常知之甚少。"[1] 这一维度，因其隐秘与难以捉摸，而在学术上被冠以"神秘学"之名，其实质性的存在由来已久；它似乎并不像西方通常理解的"宗教"，也不单单是某种"哲学"，更不同于今天的"科学"，不适合被纳入任何既有学科及其研究领域，却参与了所有这些学科和领域，但又不能简单归结为其中任何一个。

这种在学术上"无家可归"的窘境并非自来如此，18 世纪前，现在的各个学科开始建立起来时，神秘学领域仍被广泛看作思想学术研究的一个重要焦点，尽管不免某些争议，"神学家、哲学家和从事自然科学的人都在严肃探讨它的思想和含义。而启蒙运动导致它从既定的思想话语和标准的教科书叙事中几乎完全消失"[2]，公众和专家对它的认识水平在 19 世纪急剧下降。然而忽视、回避和掩藏并不能封杀其内在光芒，尤其是人们的精神世界失衡之后，必然会回想起并重新注意到它的微光，因此，第二次世界大战之后，特别是自 20 世纪 90 年代以来，情况开始改善。"西方神秘学"属于现代的学术建构，并非一个久已存在的独立学术传统，然而，"这并不意味着关于该领域没有什么'真实的'东西。恰恰相反，'西方神秘学'这一范畴之所以出现，正是因为知

---

① 〔荷〕乌特·哈内赫拉夫：《西方神秘学指津》，第 1 页。

② 同上书，第 1—2 页。

识分子和历史学家们开始关注各种思想家和运动的观念和世界观在结构上实际存在的相似之处"①。具体而言，"西方神秘学所包含的所有历史潮流均以某种方式关注世界的本性、世界与神的关系以及人在两者之间所扮演的角色等问题。严格的哲学论证可以是这些讨论的一部分，但其背后的动机主要是宗教性的，即深深地关切生命的真正意义和人在宇宙中最终的灵性归宿"②。

　　长青哲学（Perennial Philosophy）乃是西方神秘学中的一支，同时也是其中颇具东方色彩的一支，作为一种精神潮流，它很早就开始关注东方，并深受东方宗教与思想的影响。长青哲学历史悠久，自古而来绵延不绝，"二战"之后备受关注。其着眼点为人类的终极目的（或曰终极归宿，Final End），关心所有宗教及文明系统表面差异下共通共同的东西，即人和万物的"神圣本原"（Divine Ground）或说"神圣实在"（或称"实相"，Divine Reality），认为这才是大千世界一切生命与心灵的本质；在长青哲学的倡导者看来，个体之人最大的生命意义在于走向人类的终极归宿，获得对神圣本原的合一认识（Unitive Knowledge），亦即契入生命与世界的实相；而要想直接契入实相，须满足如下条件：充满爱，心灵纯洁，精神谦卑（poor in spirit）；具体路径则大致可分为四种：直觉之途，爱之途，行动之途，身心修炼之途。长青哲学主张，在认识方式上应在理性之外同样（如果不是更加）

---

① 〔荷〕乌特·哈内赫拉夫：《西方神秘学指津》，第3页。
② 同上书，第86页。

重视直觉，提醒人随时保持开放的心灵，尊重自然，倾听他者，倡导宗教深度对话，携手造福于人类实现自身的终极目的。

关于"长青哲学"更精确的定义，赫胥黎这样告诉我们，"长青哲学主要关注的是万物、生命与心灵的大千世界背后那个神圣的实在"①，它乃是关于"形而上学""心理学""伦理学"等所探讨的现象背后的神圣实在，亦即万物内在而超越的本原的学说；对此，楼宇烈先生概括道，"长青哲学"是人类一直在思考和探究着的学问，是一门贯通物理、心理、伦理、哲学、宗教的综合学问，是一股"贯穿古今、永葆青春与活力的学问"②。因此，"长青哲学的雏形散见于世界各地原始民族的传统学问，其充分发展的样貌则可见于每一种高级宗教"，赫胥黎称其为古往今来所有宗教与神学中的"最大公因子"，"人们从各个宗教传统的立场出发，用亚欧各大语种一再谈起这一取之不尽的主题"③。

在界定某种神秘主义流派的范畴与性质时，学者们往往会采用一些"模型"作为参考系，据乌特·哈内赫拉夫的总结，以下可谓现行西方神秘学概念背后三个最常见的模型：一、"施魅的"（enchanted）前启蒙世界观，有古代根源，而在现代早期开始兴盛；二、启蒙运动后出现的种种"隐秘"（occult）潮流和组织，以替代传统宗教和理性科学；三、宗教本身的一种普遍的"内在"

---

① 楼宇烈语。见〔英〕阿尔道斯·赫胥黎《长青哲学》，第 i 页。

② 同上书，第 ii 页。

③ 同上书，第 1 页。

灵性维度。[①]长青哲学在性质上更符合第三个模型，它并非泛神论，也不是要创造某种新的教理、教派或组织，它代表了一种看待宗教的视角，认为神圣本原内在于各宗教本身，强调的是"内在"灵性维度。从这个意义来说，长青哲学可谓一种"内在"传统。

"内在"传统所瞩目的，是普遍的灵性维度，而非外在的宗教机构、特定的宗教教派和既有的教义系统。哈内赫拉夫认为，这种"内在"传统的内核"最接近形容词'esoteric'（秘传的）在古代晚期的原始含义，此时它指的是专为一些灵性精英而准备的秘密教导，比如毕达哥拉斯学派的兄弟会或一些神秘宗教群体"，而相反，"公开的（exoteric）教导针对的是那些缺乏教养的大众，仅凭宗教仪式和教条的信念系统就能使他们满足"[②]。只有被引入宗教和哲学真正奥秘大门的人，才能知晓传统宗教表面背后更深层的真理，这种灵性真理独立于社会、历史或文化环境。而无论在何种传统中成长起来，那些拒绝满足于外在表现和有限教条系统的探索者，皆有望契入关乎世界和人类命运的普遍真理，所有伟大的神秘主义者和灵性导师都一直在谈论它，这也正是长青哲学的着眼点。

在现代宗教学中，对寻求这样一种"内在"普遍维度的潮流，专业上称为"宗教主义"（religionism）[③]。"宗教主义"基于一个普遍的"内在"维度概念，即可由个人宗教体验通达"灵知"，"在

① 〔荷〕乌特·哈内赫拉夫：《西方神秘学指津》，第5页。

② 同上书，第13页。

③ Wouter J. Hanegraaff, *Esotericism and the Academy*, Cambridge University Press (2012), pp. 126-7, 149, 295-314.

这样一种语境下，与异教哲学如何影响了基督教发展等问题有关的历史研究就变得毫无意义。从宗教主义角度来看，这些研究错误地把宗教（或者这里是神秘学）归于外在历史因素的产物，而它真正所指的却是一种独特的灵性实在"①。宗教学的研究进路，在第二次世界大战之后深受米尔恰·伊利亚德及其学派的影响，伊利亚德学派的宗教学研究在一定程度上体现了"宗教主义"的特质，它强调共时性，关注人类普遍的内在心灵，重视宗教研究对于现代社会的意义；而"研究西方神秘学的一些最有影响力的学者——从昂利·科尔班（Henry Corbin）和早期的费弗尔，到阿瑟·韦尔斯路易斯（Arthur Versluis）和尼古拉·古德里克-克拉克（Nicholas Goodrick-Clarke）这样的当代学者——都曾明确受到宗教主义议题的启发"②。长青哲学所代表的"内在"传统，最好被理解成一种宏阔而深邃的独特思想潮流，不能完全包含在任何一门学科当中，但可以充当宗教、哲学乃至心理学论说中的叙事。

第一节　从斯托伊克到肯·威尔伯

长青哲学作为一种哲学或说思想传统，可谓由来已久、源远流长，这种传统旨在从人类心灵中发现普遍神圣真理，将人类的终极归宿置于所有生命的内在超越层面。其雏形散见于世

---

① 〔荷〕乌特·哈内赫拉夫：《西方神秘学指津》，第76页。
② 同上书，第14页。

界各民族的原始神话，成熟形式则在每种高级宗教中均占有一席之地。从古至今，从东到西，这个永恒主题被人们一再提起，并从每种宗教传统的立场出发，有多种经典文本传世，涵盖亚欧各大语种。尽管长青哲学的主旨是基于不太受历史影响的普遍的"永恒真理"，而作为西方文化中的一个特定思想流派，其形成和发展过程则有特定标志性人物和事件可寻溯。我们首先将关注其历史性，通过考察长青哲学概念内涵的流变和时序性关键人物，来梳理出一条相对明晰的历史脉络。哈内赫拉夫参与主编的《灵知与西方神秘学词典》（*Dictionary of Gnosis & Western Esotericism*）被认为是目前西方神秘学内容最可靠全面的工具书，其中收录有"西方文化中的长青哲学"词条（Perennial Philosophy in General Western Culture），所做描述与阐释如下：

自 20 世纪 20 年代初期，受埃蒂安·吉尔松（Etienne Gilson，1884—1978）、雅克·马里坦（Jacques Maritain，1882—1973）等作家启发，*philosophia perennis* 一词被用于新托马斯主义或罗马天主教界新学派，特指托马斯·阿奎那所阐述的罗马天主教神学和哲学永恒真理。在一次面向学生们的公开演讲中，甚至教皇约翰·保罗二世也在这个意义上使用过这个词（主题为"关于圣托马斯的长青哲学——致当代年轻人"，罗马，1979 年 7 月）。"长青哲学"一词产生更广泛的影响，则始于 1944 年首版的阿尔道斯·赫胥黎《长青哲学》一书。在"长青哲学"这种说法的语词溯源上，赫胥黎并未提及斯托伊克或任何传统主义者，只提及莱布尼茨；"长青哲学"一词在这本书中指的是"一种形而上学（以及与此相关的心理学、伦理学），它认识到万物、生命与心灵的大千世界背后有某种神圣实在"，"长青哲学"的语义在传播过程出现明显的"断裂"。赫胥黎这本书问世之后，"长青哲学"这一概念渐渐风行于"他样灵性"和"新时代运动"领域。我们发现，即便是声名狼藉的印度古鲁 Bhagwan Shree Rajneesh（现在一般称"奥修"）也出版了一本名叫 *Philosophia Perennis* 的书（同时附有录像带），专门评论毕达哥拉斯的黄金诗。绝对或部分崇信永恒智慧的风尚弥漫了新时代运动（例如埃德加·凯西、戴维·伯姆、马修·福克斯、凯特林、约翰·马图斯、斯坦尼斯拉夫·格罗夫、威利斯·哈曼、彼得·罗素、乔治·特里维廉、雪莉·麦克雷恩和拉马拉社区，见哈内赫拉夫 1996/1998 年，第 327—330 页）。

耐人寻味的是，在赫胥黎之后的长青哲学倡导者中，最有影响力的人物为美国超个人心理学家肯·威尔伯（Kenneth Earl Wilber, 1949— ）。威尔伯早期多次提到，自己的思想是应用于心理学领域的长青哲学，他理解的长青哲学根植于"统一意识"，并经常举印度教和佛教的例子予以说明（参看《眼对眼》[*Eye to Eye*]，1983 年，第 32—38 页）。威尔伯认为，他对长青哲学的信奉和其作品生生不息的理念并不矛盾，这一点与人们对"长青哲学"的几乎所有传统理解（无论是在文艺复兴时期还是在传统表达中）形成鲜明对比，而与新时代运动主流相一致。对于一个完整、真实的世界秩序的消退或消失，上述潮流中的所有作家都在某种程度上表达感伤，威尔伯却批评他们是在传达一种妄从过去寻求天堂的浪漫情调，而非激励人在终极意识提升上寻求超越，这种集体倾向是错误的。威尔伯说，救赎不在单纯的未分化的"前个人"阶段，而在趋向完整的"超个人"阶段。如是而观，长青哲学显然已经完全超越了我们所谈论的历史领域，而进入了心灵的疆野。[①]

据赫胥黎称述，"长青哲学"一词为莱布尼茨所创[②]。查理·B. 施米特则追溯到更远，他在《长青哲学：从阿戈斯蒂诺·斯托伊克到莱布尼茨》一文中说："人们通常认为长青哲学的概念起源于莱布尼茨，莱布尼茨曾在一封 1714 年 8 月 26 日写给雷蒙（Remond）的信（后被广泛引用）中使用这种说法。但我经过仔细研究后发现，'长青哲学'一词的起用远在莱布尼茨之前，事实上它曾是意大利的圣奥古斯丁——阿戈斯蒂诺·斯托伊克（Agostino Steuco，1497—1548）1540 年发表的一篇文章的标题。斯托伊克虽然可能最早使用了'长青哲学'这个字眼并赋予它固定的系统含义，却是借鉴了一个业已充分发展的哲学传统。

---

① Wouter J. Hanegraaff, *Dictionary of Gnosis & Western Esotericism*, Brill(2006), pp. 1134-5.

② 〔英〕阿尔道斯·赫胥黎：《长青哲学》，第 1 页。

正是得益于对这个传统的借鉴，他构建起自己的哲学、宗教和历史体系，名之曰'长青哲学'。"[1] 而斯托伊克"长青哲学"所借鉴的这个"业已充分发展的哲学传统"又是什么呢？对于此，哈内赫拉夫做了更为详尽的考察。

到中世纪，"当柏拉图在经院哲学中基本上被亚里士多德所掩盖，教会教学中固有的柏拉图主义失去了大部分权威性。但在文艺复兴时期它又强势回归，原因很简单：几乎所有相关的原始资料——柏拉图的全部对话，《赫尔墨斯秘文集》《迦勒底神谕》以及普罗提诺、扬布里柯（Iamblichus）、普罗克洛斯（Proclus）等新柏拉图主义作者的一系列文本——现在有了拉丁文译本，而且印刷术的发明使之以前所未有的规模传播开来。柏拉图主义东方学在文艺复兴时期的这种恢复被称为'古代神学'（*prisca theologia*）或'长青哲学'（*philosophia perennis*）：这两个术语常常被合而为一，但应明确区分"[2]。哈内赫拉夫指出，"1540 年阿戈斯蒂诺·斯托伊克所强调的'长青哲学'概念必须结合这一背景来审视。与'古代神学'的革命性含义不同，斯托伊克对古代智慧的理解是非常保守的。他非但没有提出有必要'回归'或'改革'，反而声称人类一直都拥有普遍而永恒的真理，而且永远会如此。斯托伊克与教皇关系非常好，他的著作于罗马天主教神学家试图对路德的宗教改革作出回应的特伦特会议前夕问世。

---

[1] Charles B. Schmitt, "Perennial Philosophy, From Agostino Steuco to Leibniz", *Journal of the History of Ideas* 27 (1966), pp. 505-32.

[2] 〔荷〕乌特·哈内赫拉夫：《西方神秘学指津》，第 63 页。

斯托伊克强调所有古代智慧与罗马天主教教义的普遍一致性，试图维护教会作为神所设立的宗教和哲学真理之贮藏所的统一性。在他看来，任何改革都是不必要的甚至是不可能的，因为真理从未失去：罗马天主教完好无损地保存着古代智慧，并把它提供给所有基督徒以拯救他们的灵魂。于是我们看到，在罗马天主教的背景下，柏拉图主义东方学复兴的影响既可以是革命的，也可以是保守的"①。而不论是革命的，还是保守的，"长青哲学"一词都局限于天主教语境，特指天主教中的永恒真理。

　　而"长青哲学"一词产生更广泛的影响，则确乎始于赫胥黎《长青哲学》一书。在语词溯源上，赫胥黎并未诉诸斯托伊克等传统主义者，只提及莱布尼茨："'长青哲学'（philosophia perennis）一词为莱布尼茨所创，但其要旨（the thing）却久远而普遍：形而上学，认识到万物、生命与心灵的大千世界背后有一种神圣实在；心理学，在灵魂中发现了某种类似于甚至等同于神圣实在的东西；伦理学，认为人的最终目的在于认识万物内在而超越的本原。长青哲学的雏形散见于世界各地原始民族的传统学问，其充分发展的样貌则可见于每一种高级宗教。"② 也就是说，"长青哲学"在这本书中指的是—种关乎"神圣实在"的学说，囊括了形而上学、心理学和伦理学，而这绝不仅仅局限于天主教，"长青哲学"一词的含义在传播过程中明显扩大了自己的应用范畴。赫胥黎这本书问世之后，"长青哲学"这一概念渐渐风行于

---

① 〔荷〕乌特·哈内赫拉夫：《西方神秘学指津》，第64—65页。
② 〔英〕阿尔道斯·赫胥黎：《长青哲学》，第1页。

"他样灵性"和"新时代运动"领域。

在概念表述上，赫胥黎似乎有意回避"传统主义"或"长青主义"的说法，可以推想，一则因为"主义"的说法太过绝对和确定，不能恰切表达开放性探索的初衷，二则可能因为个别传统主义者的思想和行为太过极端，不甚可取。尽管如此，我们还是要冒赫胥黎之不韪，提一提"传统主义""长青主义"这两个"长青哲学"名称上的近邻。"法国隐秘学家对'传统'的这种关切最极端地表现在勒内·盖农（René Guénon，1886—1951）的作品中"，他认为"存在着一种普遍'传统'，它建立在无可争辩或反驳的形而上学'第一原理'的基础之上"，盖农是极端的，"他拒绝接受现代世界及其所有价值观，认为它们与'传统'完全对立，并且在埃及作为一名苏菲隐士度过了生命中的最后几十年。一种被称为'传统主义'（Traditionalism，有时被称为'长青主义'［Perennialism］）的独立的神秘学传统正是源于盖农的许多著作。具有讽刺意味的是，就其拒斥现代性的所有方面而言，它乃是现代世界的典型产物"[1]。"二战"后，最有影响的传统主义者应是弗里特约夫·舒昂（Frithjof Schuon，1907—1998），"新的组织和团体受激励创建起来，允许其参与者相对隐居地遵循'传统主义'的生活方式"；"而其他战后的传统主义者，比如著名的赛义德·侯赛因·纳斯尔（Seyyed Hossein Nasr，1933—　）和休斯顿·史密斯（Huston Smith，1919—2016），则在学术背景下直

---

[1]　〔荷〕乌特·哈内赫拉夫：《西方神秘学指津》，第49页。

言不讳地捍卫传统主义"①。

深受长青哲学传统影响并成为其由衷倡导者的不乏其人，略早于赫胥黎的有威廉·詹姆斯（William James，1842—1910），与赫胥黎同时代或晚于赫胥黎的则有约瑟夫·坎贝尔（Joseph Campbell，1904—1987）、休斯顿·史密斯、F.卡普拉（Fritjof Capra，1938—）、肯·威尔伯等，吉杜·克里希纳穆提（Jiddu Krishnamurti，1895—1986）本人则与赫胥黎交往甚笃。

休斯顿·史密斯被认为是宗教史权威和比较宗教哲学的领袖人物，其1958年出版的《人的宗教》（*The World's Religions*）一书享誉四海。此书中，史密斯以说故事、讲历史与哲学思辨的方式呈现传统的宗教智慧，倡导对各灵性宗教传统亲身体验，他说，《人的宗教》"这本书追求拥抱全世界"，当然，史密斯自知，在某种意义下这个希望注定会落空，对此，他做了一个巧妙的譬喻，"就算伸展到最大的极限，一对胳膊也还是太短，我的双脚总必须站在什么地方。就从最明显的说起吧！本书以英文写成，从某种程度来说从一开始就有了立足点了。其次就是交叉引证，所引的条目是为了进入陌生的地盘。本书引用了中国的格言，印度的传说，日本的诡论，但多数的说明都是西方的"，"必须承认这本书假如由一位禅宗和尚或者伊斯兰教的苏非派教徒，又或是波兰的犹太人来写，就会不一样了"②。"这本书有它的家——这

---

① 〔荷〕乌特·哈内赫拉夫：《西方神秘学指津》，第49页。
② 〔美〕休斯顿·史密斯：《人的宗教》，第6页。

个家的门是可以自由进出的。这个家是出发和回归的基地，只不过不是在做真正的旅行，而是在做研究和想象之旅。倘若我们可能对世界产生怀乡之情，对我们从来没有去过的地方以及猜想永远不可能去的地方怀乡，这本书就是从这种怀乡之情中产生出来的。"① 史密斯的着眼点、视角乃至口吻，都与赫胥黎的长青哲学叙事颇为相近。

毋庸讳言，人们对社会进化容易有一种惯常的幻觉，即从低级到高级，从落后到进步，从贫困到富裕……总之，就是容易误认为未来是一个正向的无限增长的过程。20 世纪 70 年代初，一本畅销书《小的是美好的》(*Small Is Beautiful*)对这种幻觉泼了一盆冷水，书的作者是著名经济学家舒马赫(E. F. Schumacher，1911—1977)，他被人们尊称为"可持续发展的先知"。书中质疑西方经济目标是否值得向往，批评以经济成长作为衡量国家进步的标准，反对核能与化学农药。舒马赫认为，以技术研发与自然开发为基础的经济发展有其极限界域，应把重点从商品转移到人身上，"人是一切财富的首要和最终的源泉"，否则世界经济态势将积重难返：技术会从解放人的体力走向它的反面，而生态的失衡会使人丧失赖以生存的基本资源。该书一经推出，便以其切中时弊的观点激起读者的热烈反响，1973 年到 1979 年，六年间再版十二次，产生了广泛的影响。在舒马赫看来，西方世界引以为傲的经济结构，不外乎个人追求利润及进步，从而使人日益

---

① 〔美〕休斯顿·史密斯：《人的宗教》，第 6 页。

专业化，使机构成为庞然大物，带来经济的无效率、环境的污染和非人性的工作环境。他把批判的眼光指向了现代技术和大型组织对人性的扭曲和异化，积极倡导一种新的生产方式和消费方式，即以人为主要资源，提高教育水平，珍爱土地，更有效地运用工业资源，发展人性化的中间技术。休斯顿·史密斯深深认同舒马赫的观点：我们需要拿出勇气，回头请教"人类的智慧传统"，从中获益；并明确说自己《人的宗教》一书试图阐明的正是这个"人类的智慧传统"。休斯顿继续设问：这一传统到底为世界提供了什么智慧呢？为何对人类如此重要？而后他自问自答：因为这一传统关乎价值、意义和目的——"在传统的时代，是假定它们展现了真实之终极本性。16世纪和17世纪时期，科学开始对这项假定产生怀疑；因为经文只不过断言它们的真理，而设定的实验则可以证明科学的假设。不过对于这一点，经过三个世纪的纷扰，我们现在看到这种证明只能对经验世界成立。真实之价值面——其价值、意义和目的——却通过科学的设施溜走了，犹如海水通过渔人的网溜走了一样"[1]。我们无疑需要认真看待，各个宗教汇成的智慧传统究竟提出了什么，并重新对此加以评估，"如果我们用一个滤网，把世界各宗教对真实以及应该如何生活的结论过滤出来，那么结论就会看起来像是从人类挑选出来的智慧了"[2]。

应对现代性问题，学界既有对内在智慧传统的重新考察，宗

---

① 〔美〕休斯顿·史密斯：《人的宗教》，第365页。

② 同上书，第366页。

教界也有颇见成就的当代心灵探索者，他们在某种意义上续写了活生生的宗教史。"关于在神秘学语境下对'内在发展'的聚焦，我们必须提到谜一样的希腊-亚美尼亚导师乔治·伊万诺维奇·葛吉夫（George Ivanovitch Gurdjieff, 1866—1949）和他的俄国学生彼得·邬斯宾斯基（Piotr Dem'ianovich Ouspensky, 1878—1947）。葛吉夫发展出一种独立而原创的神秘学体系，包括一种新灵知主义宇宙论和一套复杂的训练系统，旨在将心灵从社会控制中解放出来，获得精神自由。葛吉夫的技巧被二战后各种神秘学导师和运动所采用，成为 20 世纪 60 年代之后关注'自我实现'的一个重要维度。"① 葛吉夫的所谓"第四道"体系影响深远，他则多次强调，这并非他自己发明的，而是脱胎于佛教、苏菲派、基督教等源远流长的古老智慧。

被誉为 20 世纪最伟大神话学家的约瑟夫·坎贝尔对长青哲学情有独钟，应该说，这是他广泛、深入研究世界各民族神话的必然结果，"坎贝尔的探索无可避免地把他带进了永恒哲学（perennial philosophy）的领域"②。在此需说明，有台湾学者将 perennial philosophy 译作"永恒哲学"；而 perennial 的基本词意是"长久的""多年生的""不断复现的"，我们认为，较之"永恒"，"长青"的译法更能体现生生不息、生机活泼的意象，故选择将 perennial philosophy 译作"长青哲学"。"永恒哲学（即长

---

① 〔荷〕乌特·哈内赫拉夫：《西方神秘学指津》，第 52 页。
② 〔美〕菲尔·柯西诺主编：《英雄的旅程》，梁永安译，金城出版社 2011 年版，第 8 页。

青哲学）的雄伟基调泛见于古代印度和中国的圣哲，苏菲派与基督教的神秘主义者，以及像惠特曼（Walt Whiteman）和赫胥黎（Aldous Huxley）这样的诗人或哲学家。这个基调要述说的，是人类灵魂的最深处，乃是神圣实在（Divine Reality）的一面镜子：'Tat tvam asi.'（它就是你。①）上帝的国就在我们心中，此时此地。如果我们能够直悟作为我们最本质的奥秘向度，就会乍然明白，我们是与自然的终极力量浑然一体的，我们自己就是转化之旅的最后秘密。所以坎贝尔才会说：'你就是你一直寻寻觅觅想知道的奥秘。'坎贝尔相信，这种灵性的观照，不但是超越时间的，也是超越地域的。不管是对萨满巫师与古代圣者的智慧教诲，还是对当代艺术家与科学家的直觉创造能力，他都怀有同样的尊崇。因此，就像许多永恒哲学家（即长青哲学家）那样，坎贝尔对那些认为只有少数人才是上帝选民的主张，是不予苟同，甚至嗤之以鼻的。他认为，神启并不是少数人可以垄断的，而是所有人共有的。"②坎贝尔本人说："自亚里士多德之后，西方文化就开始了对神话的逐步攻击，因此可以说，西方的批判精神所致力的是把自己从基始观念中分离出来。但另一方面，西方思想又始终有一道源源不绝的底流。而诺斯底教、炼金术和其他类似的、受排斥的思想，都是这个底流的一部分，而他们的共同旨趣可以用一个词来涵盖：perennial（永恒、不断复现）。"③接下来坎贝尔

---

① 原书中误译为"你就是它"，应为"它就是你"，亦即《长青哲学》第一章标题译法"'那个'是你"，兹勘误。

② 〔美〕菲尔·柯西诺主编：《英雄的旅程》，第9页。

③ 同上书，第144页。

对 perennial 的特定含义进行了说明："这里我所说的'永恒'（即'长青'），是从永恒哲学（即长青哲学）的观点来理解的。永恒哲学（长青哲学）由库瓦拉斯瓦米（Ananda K. Coomaraswamy）[①]首倡，后来又由赫胥黎所继承，后者在 20 世纪 40 年代就写过一本称为《永恒哲学》（即《长青哲学》）的书。我认为，这种思想，是把神话意象中的相似性，扩大到所有文字论述中。这种哲学，说明了为什么某些观念会遍见于全世界的神秘主义哲学里。永恒哲学（即长青哲学）是要把我们在神话里看到的普同性，带入哲学之中。而这种哲学的基本观念就是：神明乃是我们内在能量的象征拟人化（symbolic personification），而这种能量，既是你的能量，也同时是宇宙的能量。因此，神既是外在的也是内在的，天国就在你体内，但与此同时，它又无所不在。"[②] 坎贝尔阐明："永恒哲学（即长青哲学）所理解的神明，和我们一般所理解的神明是大不相同的。它对意识的理解，也与我们的理解大不相同。神明就是对能量———一种能撑起生命的能量的拟人化。这里我所谓的'生命'，包括了你的生命、我的生命、世界的生命、所有的生命。当然，一种文化会用什么方式把能量拟人化，是受到特殊的历史情境的局限的。拟人化是民俗的（folk），能量则是全人类的（human）。因此，神明可以说是发源于能量的，它们是能量的信使和载体。"[③] 对此，坎贝尔引述了《歌者奥义书》

---

① 一般译作阿南达·K.库马拉斯瓦米，印裔著名东方学家。
② 〔美〕菲尔·柯西诺主编：《英雄的旅程》，第 144—145 页。
③ 同上书，第 145 页。

（*Chandogya Upanishad*）里的一段话并进一步做出解释："'拜这个神，拜那个神，拜每一个神——凡这样做的人，都是未达真知者。'这是因为，所有神的来源都是你的心。追随脚印走到中心，你就会发现，你就是众神的诞生之所。"[1] 坎贝尔将神话称为"超验智慧的诗性表达"[2]，依此，长青哲学或可称为"超验智慧的哲学表达"。

　　生活在现代社会中，所有人都耳闻目睹自然科学一直突飞猛进，可以说，科学在人们的心目中拥有了无可辩驳的权威，即使在追求灵知者那里。有敏锐的学者观察到，现当代神秘学中有相当程度的共识，认为"科学与灵性——而不是大多具有负面含义的宗教——有必要'结合成'某种更高的统一性。他们反复强调，建立在笛卡尔主义和牛顿主义基础上的旧实证主义世界观是僵死和过时的，而相对论、量子力学或弦理论等激进的前卫理论（事实上任何有吸引力的新科学进路）则不仅与对灵性实在的信念完全相容，甚至可能为之提供科学基础。这种科学／灵性平行论的一个经典例子是卡普拉的《物理学之道》（*The Tao of Physics*，1975）"[3]，此书影响甚大，引发了大量类似主题的书籍出版，哈内赫拉夫认为这与人们"普遍感到需要某种新的'自然哲学'来弥合'物质与意义'之间的鸿沟有很大关系"[4]。

---

[1]　〔美〕菲尔·柯西诺主编：《英雄的旅程》，第 145 页。

[2]　〔美〕约瑟夫·坎贝尔：《指引生命的神话》，张洪友等译，浙江人民出版社 2013 年版，第 28 页。

[3]　Wouter J. Hanegraaff, *New Age Religion and Western Culture: Esotericism in the Mirror of Secular Thought*, Brill (1996), pp.62-76, 113-81.

[4]　〔荷〕乌特·哈内赫拉夫：《西方神秘学指津》，第 115 页。

　　肯·威尔伯是当代著名的超个人心理学家，他汲取东西方宗教学、哲学、心理学及物理学的理论成果，结合自己的佛教修行体验，提出整合心理学与意识光谱理论，在某种程度上"为我们这个时代带来了精神的回归，使得主流心理学界开始重视意识领域的研究"①，应该说威尔伯在意识领域做出了不小的贡献，他本人甚至被誉为"意识领域的爱因斯坦"。约翰·怀特说："对应所谓的长青哲学(perennial philosophy)，威尔伯研究的可谓是长青心理学了，它是一种人类认同观，它将对宇宙万有或一切万有的认同视为终极认同。"②威尔伯自述道："《意识光谱》基本上把灵性作为根基，将灵性阶梯的基础台阶作为目标。……这只是作为对长青哲学的大存有链(Great Chain of Being)的补充罢了，这一巨链通常指物质、肉体、心智、灵魂以及灵性。在我尝试论证时，意识的光谱总是和长青哲学以及世界上伟大的智慧传统保持着完全的一致。"③威尔伯称自己的研究是长青哲学在心理学上的应用，其著作的中文译者与积极推荐者胡因梦则不吝溢美："《意识光谱》是长青哲学领域最通达、最广博的著作，是威尔伯十多本著作中最值得翻译的一本。"④虽为见仁见智之言，有目共睹的是，威尔伯在佛教领域用功甚勤并长期坚持禅修，在其著作中能清楚地看到佛教的影响，而我们通过其对

---

①　张舒：《肯·威尔伯及其超个人心理学理论》，《劳动保障世界》2013 年第 6 期。

②　〔美〕肯·威尔伯：《意识光谱》，杜伟华、苏健译，万卷出版公司 2011 年版，第 3 页。

③　同上书，第 xii 页。

④　胡因梦语，见〔美〕肯·威尔伯《意识光谱》封面。

实相的认识以及意识与实相关系的描述，也能看到印度教"梵我一如"的影子。威尔伯认为："自我阶层和存在阶层共同组成了我们作为自存和独立个体的普遍感受，而大部分西方阶层也都扎根于这些阶层之中。另一方面，东方的理论则更关注大心境界，因此倾向于完全绕过自我中心的阶层。简单地说，西方的心理疗法关注于'修复'个体的自我，而东方禅修的目标是超越自我。"①谈及西方人对东方理论的态度时，他说："这些处于自我阶层的西方人，用极度的猜疑看待任何偏离这一阶层的理论，而没有用开放的好奇之眼来看待它们，而且其中有许多人甚至被视为洞悉整个意识领域本质的权威人士。但毫无疑问的是，唯一合理、唯一可信、唯一科学而可靠的权威人士，是那些感受到意识所有阶层的探索之人，包括自我的存在和超越自我的阶层。如果我们请教他们对于大心本质、对于玄秘意识、对于自我超越的看法的话，他们的观点将会是极其普遍和一致的：超越自我并非一种心理失常或者精神疾病的幻觉，而是一种无穷无尽的、更加丰富、更加自然、更加圆满的意识状态或者阶层，而这是在自我阶层上根本无法想象的。"②威尔伯的理论在拥有创新性的同时，也引起一些争议，有声音批评其理论不纯粹、冗杂和含糊，但这并"不能抹杀其对心理学的创造性影响，而通过他的理论和实践，则切实加深了东西方思想文化的交流，也使

---

① 〔美〕肯·威尔伯：《意识光谱》，第9页。
② 同上书，第11页。

得东西方意识领域的整合成为了可能"①。其整合的视角和方法，被证明对诸多问题的解决卓有成效，无论在理论上还是实践上。威尔伯提醒人们："在判断大心境界和玄秘意识下神智是否健全、是否真实、是否合意时，我们有两种开放的选择：我们可以相信那些亲自体验过的人，或者也可以努力去亲自尝试一下，但是如果我们两者都做不到的话，最明智的选择就是不要妄下定论。"②而赫胥黎在《长青哲学》的导言中则说："如果你我并非圣贤，那么在形而上学领域，我们的最佳选择就是研究圣贤们的著述，他们因为改变了自己凡人的存在方式，从而超越了凡人的境地和知识范围。"③ 所言何其相似。

从斯托伊克，经赫胥黎，至肯·威尔伯，在对长青哲学作为一个思想传统进行简明梳理之后，有必要再度指出它对今人的价值和意义：长青哲学关注各灵性宗教的圣哲，他们的言论和行迹于今人是一种启示，对某些人可能还会成为一个起点。它提醒人们，在开启自家心性、认识万法实相上，早有前人取得成功，从而为每个人昭示出某种意义上的最佳潜能。

第二节　赫胥黎与长青哲学

一个思想家的生平经历和精神世界往往是可以互相印证和

---

① 原军超：《肯·威尔伯的超个人心理学理论及其对佛教的阐释》，《法音》2012年第12期。

② 〔美〕肯·威尔伯：《意识光谱》，第11页。

③ 〔英〕阿尔道斯·赫胥黎：《长青哲学》，第6页。

解释的，我们有必要对赫胥黎的生平和精神探索进行一些简明的追踪。我们参阅的关于赫胥黎的诸多传记之中，欧美学界评价最高的是 N. 默里写就的这一本。

一、赫胥黎的生平与精神探索

阿尔道斯·赫胥黎生于以高度智力成就闻名的赫胥黎家族，其祖父是著名生物学家、进化论支持者托马斯·亨利·赫胥黎（Thomas Henry Huxley，1825—1895，被称为"达尔文的斗犬"），堂外祖父则是同样享有盛名的维多利亚时代诗人兼评论家马修·阿诺德。赫胥黎曾读于伊顿公学，后就读于牛津大学的贝利奥尔学院（Balliol College，Oxford University），下半生在美国生活，1937 年移居洛杉矶，在此生活直至 1963 年逝世。他曾想做医生，因视力障碍改变初衷。他天资异常，受到良好教育，对人类的生存处境具有超人的洞见力。然而一次眼疾几乎让他视力全失，学习盲文后，他逐步开始写作，先后创作了许多脍炙人口的小说，并在 20 世纪 20 年代成为一个明星人物。他以小说和散文闻名于世，也发表电影故事和剧本。通过这些，赫胥黎充当了社会道德、标准、理想的追问者和批评家，不得不说，他是一个卓越的人文主义者。

更值得一提的是，他对灵性主题如超个人心理学、长青哲学也情有独钟，并于 1938 年与吉杜·克里希那穆提结为好友。在其人生的最后阶段，赫胥黎在某些学术圈被公认为现代思想界的精英，位居当时最杰出的知识分子行列。其名著《美丽新世界》

（1932）畅销不衰，其他著名作品有长篇小说《铬黄》（1921）、《男女滑稽圆舞》（1923）、《光秃秃的树叶》（1925）、《旋律的配合》（1928）、《加沙的盲人》（1936）、《几个夏季之后》（1939）、《时间须静止》（1944）、《天才与女神》（1955）、《岛》（1962）等，另有短篇小说集、诗歌、散文和戏剧，一生为人称道的著述计五十余本。《长青哲学》一书则成为整个长青哲学传统中的当代扛鼎之作。

赫胥黎生而孱弱聪颖，一向富有创见，比他大三个月的堂兄格尔瓦斯（兼有同窗之谊）说，赫胥黎自小与众不同，拥有开启自己内心堡垒的钥匙，他时常进入其内，以逃离学校现实的折磨和苦难；他机敏，也参加同学们的笑谈，然而不知怎的，同窗们总感到阿尔道斯"与其他人走在一个不同的层次上"[1]。

从伊顿到牛津：丧母、失明与战争

1908 年 9 月，十四岁的赫胥黎进入伊顿公学，春风得意少年时。一个重大打击不期而至，他四十五岁的母亲因病骤然离世。葬礼上，赫胥黎啜泣不止，后来其长兄朱利安描写他这位十四岁的弟弟"痛苦但面无表情地"站在坟墓旁边，其姨母汉弗莱·沃德夫人家的表姐多萝西则回忆道："这个伊顿公学的小孩非常易感、神情沮丧、面色苍白，深深地——但是一言不发地感受着痛苦。"在这样的年龄，对于一个深情而敏感的人，丧亲之痛应非常深，很容易引发生命无常、死生事大之思。"当

---

[1]　如无特别说明，本节所引赫胥黎生平，皆出自〔英〕N.默里《赫胥黎传》，不另注。

后来赫胥黎在《加沙的盲人》(1936)中写到安东尼·比维斯在校学习期间因母亲去世而感到的孤立和悲伤时，格尔瓦斯认为，'他是在运用他自己的痛苦经验'"，而"在《灰色的卓越》(1941)中，赫胥黎在写到另一位历史人物在十岁那年失去了父母之一：'在他心里留下的是一种挥之不去的空虚、无常，一切仅有的人生幸福朝不保夕的感觉——这种感觉平时处于潜伏状态，但却时时会浮出表面。'"这种丧亲而致的无常感流露在其文学作品中，可以推知也一定促使他进行心灵上的宗教和哲学求索，潜在地成为他日后关注长青哲学的一桩因缘。我们注意到，母亲朱莉娅在病榻上给赫胥黎写过一封信，这封信他终其一生都带在身边。朱莉娅在信中嘱咐道："别做太多的判断，而应该多爱一点。"

许是天妒英才，两年后，这位天才少年又遭受了另一重身心灾难：他在一次军训中感染眼疾，后终生视力欠佳。1957年，赫胥黎在美国接受一次采访时回顾说："发生那事的时候我大约是十六岁半，我得了角膜炎，一只眼睛大约十分之九失明，另一只眼睛受到相当严重的影响。将近两年我无法读任何书。我不得不离开学校，不得不请私人家教。我学习阅读盲文，甚至盲文乐谱，那是很难的。后来，差不多两年之后，我可以用一个度数非常高的放大镜读书了，借着它读完了大学。"可以说，这场灾难是他早年生活中一件具有决定意义的事件，影响了他一生的走向。几近失明使他远离了体育运动，也远离了与同龄人社交的诸多寻常渠道，他自己说，这确实刺激了我"性格中所固有的一种倾向，一种离群索居，也许是沉思冥想的倾向，因此，从某种意义上说，这次事件确定了这些事实"。这次失明促使他终生沉思心智、德性与肉体的关系，"离开生理判断的心理判断和道德判断是多么无意义呀！"他在1933年对其终身好友内奥米·米奇森说，"当然，我还在相当大的程度上取决于视力缺陷。点状角膜炎塑造了我，现在也在塑造我；而我反过来在过去和现在都利用了它。"他在其《夜里的音乐》中写道："人们利用他们的疾病的程度，至少相等于他们被疾病利用的程度。"而失明对于当时的赫胥黎，一个直接影响就是，他在伊顿公学的求学生涯不得不宣告结束，辗转各地尝试改善视力。1929年，他回忆道："由于使得我在一段时间几乎失明的眼睛感染而中断了教育……我独身无依，凡事只好靠自己。"可以说，在1911—1913年，赫胥黎的教育事实上中断了，直到他借助一只放大镜通过牛津大学贝利奥尔学院的入学考试为止。同时，这次失明事件也使赫胥黎免于和同龄人一起参加第一次世界大战，从而得以在牛津继续其智识积累；但这对于当时的他，似乎并无"塞翁失马，焉知非福"的庆幸，反而是一种打击。他不能出于爱国主义情怀参与战争，也不得不中断在牛津刚刚建立起来的许多深刻友谊，他再度意识到自己的孤独。他多次说："我总是对光亮感到一种强烈的渴望。"这种表达既是其视力不佳的生理和心理现实，也可看作一种深广的比喻。事实上，他终其一生都在不断地探索光明、探索自己，尽可能地理解同时代的男男女女。这种智识上的雄心，使得他跨越了散文和小说的藩篱，进入了历史、宗教、长青哲学的探索。

在牛津求学的岁月，赫胥黎全心全意投入读书，尽管视力极为不佳（一只眼睛几乎失明，另一只眼睛弱视），他借助一只放大镜，有时一天阅读七八个小时，他后来告诉一位采访者，他也对自己的阅读能力感到惊异。赫胥黎的研究者公认，他"毕其一生是一位热切寻找最佳作品和'经典作品'的人"，不肯浪费一丁点时间和视力。过人的阅读量、卓越的头脑和平易近人的友好态度，使他迅速成为贝利奥尔学院知识分子群的中心，他的房间变成同龄人的聚会之所。然而，素以活跃的政治氛围著称的贝利奥尔学院的这批精英，似乎并不热衷于时政，他们更为关心的，是艺术、文学、历史、宗教、哲学这些广泛的人文修养和超上之眼。

在同窗好友都奔赴前线时，赫胥黎与有限的几个"残缺不全者"（他们的自嘲语）留在冷清的牛津，这期间，赫胥黎几乎只能不断读书，并到风景胜地度假。他写信对朋友说，优美的风景和静谧，有助于将友人正死于战争的悲痛，缓和成为一种平静的听天由命的悲伤。赫胥黎的思想上，一个新的面向开始发端，即探索某种更广大、普遍的真理，并渐渐朝向某种有机的统一。他通过书信说与友人，"当一个人处在这个美丽的国度时，他强烈地感觉到，他是一个遍及一切的宏大灵魂的一部分"，这种心路变化和探索结果，后来集中呈现在《长青哲学》一书中。

作为一名作家，赫胥黎被人们看成是冷眼旁观、不留情面的，他似乎对人类的愚行厌恶至极；但敏锐的读者会发现，他的字里行间始终流露着一种悲天悯人的情感。他有一颗贮藏丰富的心灵，且对人慷慨。他是生态运动的早期鼓吹者，提醒人们注意核武器、人口膨胀、自然资源枯竭、军国主义以及狭隘民族主义的危险；他警觉广告的洗脑作用和现代消费资本主义及学术极度专门化。他喜欢取笑教授们，即便在他成为一名访问教授时仍然如此；他不膜拜某个领域的学术权威，认为无论怎样高深的学问，对于自己都没有隔膜，罗莎蒙德·莱曼称他为"一种光辉的智力化身"。他一生兴趣广泛，涉猎领域几乎涵盖20世纪人类的各个方面；他学识渊博，厌恶大众文化和传媒娱乐，在其诸多犀利的批评性散文及小说片段中，对廉价的电影伦理和庸俗的商业音乐毫不留情地冷嘲热讽。我们不应忽略一个事实，这就是"他的思想一直以某种方式倾向于有机的统一，试图在表象的世界里寻找出本质的意义"。

　　1915年10月，赫胥黎回到贝利奥尔学院，这是他在牛津就读的最后一年；思念往昔同窗，细数好友的伤亡，他经受了一种创痛的深切心灵体验。战争越是拖下去，赫胥黎越觉憎恶，他谴责战争影响了平民生活，侵蚀了公民自由，军国主义引起"英国文明的崩溃"，他对战争后果的看法非常悲观："我对于这一切所产生的后果，不可避免的美国对世界的主宰感到害怕……我们都将被殖民化；欧洲将不再是欧洲。"他对战争深层动因和影响的反思，三十年后这样呈现在《长青哲学》里："旨在超越时间者，施政往往和平，执迷过去未来、执持保守记忆和乌托邦梦想者则会制造迫害和发动战争。"[1] 他将政治与宗教心理统合在一起进行

---

① 〔英〕阿尔道斯·赫胥黎:《长青哲学》, 第18页。

观照："也许可以说，对政治层面统一的狂热，不过是将人身与灵性层面合一的真正宗教的狂热代用品罢了。极权主义政体是通过一种政治一元论哲学来为自己的存在辩护的；这种哲学认为，国家是地球上的神，神圣国家统治之下的统一便是拯救，实现这种统一的全部手段，无论骨子里多么邪恶，都是正确的，可以毫不犹豫地加以使用。这种政治一元论在实践中导致少数人拥有过度的特权与权力，使多数人受到压迫，在国内招致不满，在国外引发战争。过度的特权和权力会诱发傲慢、贪婪、虚荣和残暴，压迫带来恐惧与嫉妒，战争导致仇恨、苦难和绝望。所有这些负面情感对于灵性生命都是致命的。"① 他警觉到偶像崇拜的学说与强权政治、军事战争是一丘之貉，"为强权政治辩解、袒护战争和军事训练的哲学（无论政客和战争发动者的官方宗教是什么）永远是对国家、种族或意识形态进行偶像崇拜的某种极其不切实际的学说，由此必然会生出优等民族的观念和那些'没有律法的贱胚'（the lesser breeds without the Law）②" ③。

从嘉辛顿社交圈到中学教师

与此同时，赫胥黎进入嘉辛顿社交圈。需要说明的是，嘉辛顿庄园当时是莫雷尔夫妇的府邸（1915—1927 年），这对夫妇热

---

① 〔英〕阿尔道斯·赫胥黎：《长青哲学》，第 19—20 页。

② "没有律法的贱胚"，出自英国作家、诗人、小说家吉卜林（Joseph Rudyard Kipling，1865—1936）的著名诗歌《退场诗》（*Recessional*），这里主要指法西斯主义者。

③ 〔英〕阿尔道斯·赫胥黎：《长青哲学》，第 62 页。

衷主持文化沙龙，吸引了大量文艺界人士，嘉辛顿成为20世纪初英国文学艺术生活的一个传奇式空间。在此，赫胥黎与劳伦斯缔结了深刻友谊，成为文学史上的佳话，而与艾略特等其他文学家、艺术家、政治人物与思想者的交往，也对赫胥黎大有心灵慰藉和思想激发之功。他说："莫雷尔家是我所知道的最愉快的家庭之一：那儿一直有饶有趣味的人和有益的谈话：我常常从牛津到那儿去拜访他们。"而世上没有不散的筵席，1916年赫胥黎大学毕业，开始经历从充满智识乐趣的丰富生活转到乏味残酷职业现实的"粗暴过渡期"。他受聘于雷普顿学校的一个临时教职，从而不得不离开气氛活跃的嘉辛顿和牛津，在教工宿舍寂寞地接受不断传来的阵亡消息。已有相当多的朋友死于战火，他写道，"我恐怕在攻势结束前还得死更多的人"，"人们在死后继续存在的一个方式是活在他们所归属的社交圈里，特别是在他们的朋友中"。赫胥黎咀嚼着往事不堪回味的伤痛，继续写道："一个人必须朝前走。记住朋友的最好方式不是沉浸在过去，而是着眼于未来。"

1916年8月，赫胥黎摆脱了雷普顿学校的临时职位，回归并更加频繁地出现在嘉辛顿社交圈，甚至搬到嘉辛顿农场居住，在这里欢愉地劳动，直至1917年4月。在此地，他发现了他将毕生继续发现的东西——一个由智者组成的小小而高雅的圈子，这些人激发了他，反过来又被他所激发。更炫目的一笔是，1916年夏季，二十二岁的赫胥黎遇到小他四岁的爱侣玛丽亚·尼斯并在三年后结婚。玛丽亚在赫胥黎一生中扮演了无与伦比的重要角色——妻子、秘书、管家，直至她 1955 年病逝。可以说，她向赫胥黎献出了全部的身心，有一次甚至宣布，她死在赫胥黎前头是不对的，因为赫胥黎视力差，她无休无止地读东西给他听，即便阅读的材料使她厌烦得无法理喻也是如此。她驾车带他在整个欧洲和美国行驶了好几千英里的路——在旅馆的登记本上将自己的职业填写成"司机"，玛丽亚曾就学于剑桥，秉性聪慧，富有文化教养，真可以说，她是赫胥黎"视听人类世界所发生的种种事情的眼睛和耳朵"。

田园牧歌的生活无法长久，1917 年伊始，赫胥黎面临两项他自知当时无法逃脱的选择：要么当个写评论的雇佣文人，要么成为一名学校教师。其所经历的谋生之艰难，似乎不让于今时的我们。赫胥黎曾于 1917 年 3 月 31 日的《泰晤士报》个人栏中登载了这样一则求职广告："年轻男子，22 岁，公学及牛津学历，一级荣誉毕业，希望从事文学、秘书或其他工作。"他最终谋得航空委员会的一个文职，从 1917 年 4 月工作到 7 月，此时他尚未完全依赖自己的一杆笔谋生，在嘉辛顿所享受的那种贵族式的悠闲也如旧梦远去了。职是之故，赫胥黎被卷入一种社交旋涡中，他称之为"东奔西窜"，并觉察出这种东奔西窜仅仅是一种狂热和麻醉，令人兴奋而健忘。然而同时，历经所有这些急促的聚会、宴饮和社交活动之后，再次回到书籍，则其乐无穷。同年 9 月，赫胥黎回母校伊顿公学任教。

伊顿公学是英国上层社会培养年轻一代的中心，身处其中，赫胥黎经日目睹对真正精神层面漠不关心的贵族派头，即经过数年的培养，"贵气"的装腔作势就变得自然而然了。他毕生反对这种习气的生硬与刻板。赫胥黎自认为天生不是一块"教育孩子们的料"，在知识传授上需要"进行简缩"，而受教的学生们却对他敬爱尊崇有加。学生伦西曼追忆，起先，大家感到他的口音有点矫揉造作，有些同学试图模仿它，因为这个口音说出的话往往是发人深省的；他不是"一位狭义上的好老师"，而是"一位广义上的教育者"，他带领学生进行理智探索、摆脱羁绊，让学生瞥见此中的极乐。这可说是对一位老师极高的礼赞。

旅行、探索与全职写作

不容忽视的是，赫胥黎的生命和文学探索都是在战争背景下进行的，而他似乎是天生的作家。他多次表示，"我实在比什么都迫切希望的是，能有一年除了写东西以外什么都不做"，"我从来没有感到我是在履行一种真正的道德行为，除了写作时。只有在写作时，才不是在浪费时间"。

1919 年年初，赫胥黎回伊顿去教最后半学年的课，他已决定开启全职写作生涯。英国大学教职无望，美国作为选择的可能性凸显出来，其新增的吸引力在于，美国"是不会爆发革命的唯一地点"。赫胥黎一心一意致力于营造一个写作空间，避免卷入政治动乱和革命之中，因为它们干扰头脑的自由运作——而这种自由是世界上唯一值得拥有的东西，而能够恰当运用头脑的人才值得尊敬。新婚妻子玛丽亚也同样认同独立思考和自由写作的价值，她欣赏赫胥黎并终生用行动支持和成就他。玛丽亚曾说，"我宁可做任何事情"，也不愿意迫使丈夫"为了我的缘故放弃他自己的一些时间和游历来赚钱"，玛丽亚身上体现了一种奉献、牺牲的道德观。他们度过了长达三十五年的幸福婚姻。婚后第二年，儿子马修出生，同时赫胥黎的文学创作已在英国文学界小有名声，耳际响着赞扬；他除了担任《雅典娜神庙》编辑一职和《威斯敏斯特报》戏剧评论员一职之外，又分身在切尔西图书俱乐部工作，还说服出版人支持自己编辑了一份名为《贵族》的时尚杂志。而这种评论、新闻和广告写作注定是阶段性的。出于经济和健康考虑，1923—1925 年赫胥黎与妻儿曾旅居意大利，期间游历佛罗伦萨、罗马，发现建筑、雕塑、绘画的乐趣，而他认为意大利的缺点是没有图书馆，并缺乏消息灵通和高智识的社交圈，由是在伦敦与意大利之间几度辗转，多部小说在安顿的间歇问世。1925—1926 年间，赫胥黎夫妇旅居突尼斯两个月，在印度、东南亚和美国游历十一个月，令他们高兴的是，在纽约时他们被投入了美国的文学界。几个星期的时间内，赫胥黎夫妇会见了形形色色的名人，包括日后成为好友的卓别林和卢斯。美国的丰富与多元带给赫胥黎不小冲击，在离开时，他"因为得到许多体验而更丰富，因为许多信念的破灭而更贫乏"。

　　1933 年，长达五个月的墨西哥之旅也同样延展了赫胥黎的视野和经验，促使他深入思考文化和种族差异，得出的结论是，"时下在法西斯欧洲流行的人种优越论是一派胡言，而人种纯洁的观念也只是一种幻想"，"任何人种都是一个宽大无比的滚轮的截面"。20 世纪 20 年代末至 30 年代初的几年，赫胥黎夫妇在巴黎、伦敦及意大利和比利时的城市乡野之间暂住或迁徙，无论何时何地，赫胥黎一直保持疯狂阅读的习惯，读物涉及各个知识领域，从文学到科学，从宗教学到心理学，他更喜欢荣格而非弗洛伊德和阿德勒，因为后两个人仅仅是偏执狂。荣格反对弗洛伊德自然主义的倾向，更强调人类精神的崇高性，认为人的梦境和精神病人的幻想、妄想是建立在自古以来的神话、传说、故事等共通的基本模式上的，提倡所谓"原型"的观点，以此为基础，他广泛关注全世界的宗教，并反对欧洲中心主义。

宗教哲学与和平事业

文学高产获得的稿酬使生活宽裕许多，这客观上为赫胥黎的心灵探索之旅提供了更为有力的支撑。在读了杰拉尔丁·科斯特《瑜伽和西方心理学》一书之后，赫胥黎对长兄朱利安说，瑜伽可能是一条前进之路，对人来说，找到一条自身发展之路十分必要。他认为，只有取得心灵和精神上的成长，人们才能从完善的社会政治、繁荣的物质经济及发达的科技手段中真正获益。

在战争的背景中思考与写作，赫胥黎与其他知识分子一样，无比珍视与挚爱和平，并在 20 世纪 30 年代成为"保障和平联盟"中的一个重要成员。在和平问题上，赫胥黎的思考和主张可谓发乎深远，他对西方"人道主义"有深刻反思，认为人道主义容易导致一种民族主义的宗教，而后者仍是和平的破坏者。可惜的是，"除了赫胥黎的几位知己以外，同时代的人并没有认识到和平理想主义者的危机"；在和平议题上，赫胥黎引入一种精神的或说宗教性的标准，"剩下的只有精神信仰了，而每个人都能接近获得这种信仰，达到人人团结一致，这样的一种信仰为和平主义创造了最佳的形而上学的环境"。他发现，和平问题在根本上是宗教性的问题，也就是人的终极精神安顿的问题。赫胥黎开始了通往终极哲学的不可阻挡的旅程，在以后的岁月中，他成了这种哲学的阐述者，这种哲学就是本书要集中探讨的"长青哲学"。同时，赫胥黎已经开始呼吸法门、节食、冥想等各种身心锻炼法的实践，一则为改善欠佳的身体状况，二则为精神探索。到1936年初，赫胥黎欢欣地宣告，他战胜了失眠和疲劳，如今可以每天工作八小时，而非之前的四小时，血压恢复正常，身心失调症消失，两块多年的湿疹不见了，皮肤光泽改善，慢性鼻腔黏膜炎也已痊愈，这几年中，从某些科学和理性主义者那里获得了轻信江湖骗子的"美誉"，而他本人却毫不迟疑，因其亲历了这种理疗法在他身上真实所起的作用。

赫胥黎几乎可以说著作等身，是什么动力催生了这些作品呢？当然远在对稿酬的希求之外。他在1936年为"人人图书馆"丛书撰写的前言中说："我写书是因为我想写，因为狼就站在门口，我必须写，是因为写作是一种自我探索和自我教育的形式，是因为我想阅读我要说的事情，这几本书的写作过程是一次次令人愉快的经历。"同期，赫胥黎持续参加和平保障运动，和一群思想家组成一个名叫"经济学研究综合技术中心"的团体，这些人后逐渐成为勃鲁姆[①]政府中非官方的智囊团成员。值得注意的

---

① 勃鲁姆（Léon Blum, 1872—1950），法国社会党右翼领袖、人民阵线政府总理，"二战"中被投降德国的维希政府囚禁，战后第三次出任总理。

是，赫胥黎在其余生中，被各行各业的精英人物吸引，如心理学家、科学家、工程师、社会学家、生理学家、经济学家，概言之，即人类社会各个领域内的专家，这些人对他的吸引力要超过文学界的人，其传记作者 N.默里认为，至此，赫胥黎身上的超脱世俗的知识分子阶段结束了，认识到知识分子对社会的贡献在于参与解决实际问题，而非居高临下、沾沾自喜地妄加推断。有研究者评述赫胥黎这种转向类似于佛教的"回小向大"，即从书斋著述到积极参与入世，从小乘阿罗汉到大乘菩萨。

旅美、"二战"与人类精神秩序重建

1937 年，赫胥黎夫妇赴美旅行，本以为这只是又一次漫游而已，演讲、考察一如往常，可能在年底返回英国，而根本不知道他们这次在美国的旅居将是永久性的。因为，第二次世界大战爆发了，欧洲沦为战区。赫胥黎一边密切关注和忧心着欧洲局势，一边开始更认真地对待"东方智慧"，他越来越转向从宗教中寻找慰藉和出路，"幸存的英伦三岛和一些体面国家的渐渐堕落"使他极度苦恼和失望，为了找到一种包罗万象、囊括万有的哲学，必须研究宗教哲学，因为他认识到，只有根除产生战争罪恶的思想和感情，才能制止此类暴行。

1941 年，日本偷袭珍珠港，美国不得不参战。同期，赫胥黎在对宗教做整体研究和对神秘主义做专门研究的道路上又前进了一步，他像 20 世纪西方持不可知论的知识分子一样，求助于东方，孜孜探求宗教思想和他所从事的和平事业之间的关系。"赫胥黎开始挑战'时髦的'或谓之马克思主义的观点，即：经济

因素决定政治事务。由于显而易见的理由，他想求助这样一种观念，那就是思想——特别是挑战世俗的现实政治的现实主义思想——是否同经济一样的强大有力。"他在这方面的研究上用力颇深，观点也日渐成熟，几年后也在《长青哲学》一书中做了系统阐发。

1942 年，赫胥黎写了一封信给两位记者，这位处于神秘主义理论探索中的思想者评述这个阶段的自己道："我是一个有点文学天赋的知识分子，体质略弱，没有过分的强烈情感，对实际事务不感兴趣，对惯常的程序没有耐心；我不善交际，常常喜欢离群索居，偏爱独自一人的自由自在，这些欲望使我持续不断地努力避免受制于他人，同时也使我产生了对强权和高位的冷淡，因为一切事情都遭受到强权和高位的奴役……作为一个中青年人，我最最关心的是知识、是理想的实现、是文学艺术、是绘画和音乐。但是，迄今几年以来，我对这些东西都感到有些不满意，觉得即便是最伟大的杰作也或多或少存在不足之处。最近，我开始明白了，应该怎样评价现实和像艺术和常识之类事情之间的关系。鉴于这些东西的自身不足，这些精神活动只有从神秘主义的优势观出发去看待，才能观察到它们的真实远景。"他认为，在认识世界上，神秘主义是有其优越性的。他诉诸密友作家玛丽·赫金森，"在减缓人世间痛苦的事情上，一个人能做的实在是微乎其微。除了神秘的宗教书以外，我几乎不读其他方面的书。我现在只对这一方面感兴趣，而且我相信，它是解决世间问题的唯一希望"，"应该有一个诸教共存的地方，神秘主义是满足各种需求的唯一东西"。

1944 年年初，赫胥黎在洛杉矶的比弗利山开始《长青哲学》的引文选录与写作，他全心全意地投入这桩酝酿已久的工程，因他已充分认识到，长青哲学蕴藏于世界上一切伟大的宗教和玄学体系之中，只有内心发生改革、实现内在和平，真正有益的政治变革和世界和平才有希望。此时，"二战"已近尾声，赫胥黎的主张可谓代表了世人的愿望，"编纂这样一本书应该是与世有益、恰逢其时"。这一年，赫胥黎致力于《长青哲学》的编纂，"他知道，战争结束之后，有许许多多的人想'做点事情'，他们需要正确的知识并以此作为行动的基石"，这促使他加快手头的工作。他沉浸在阅读神秘主义的典籍之中，他感到遗憾的是，教育系统漠视了这方面的经典著作，"我们的教育体制是多么古怪啊！英国文学专业的学生必须阅读斯梯尔（Steele）和艾迪生（Addison）优雅的报刊文章，需要对笛福（Defoe）的次要小说和马修·普赖尔（Matthew Prior）的辞章点缀了如指掌，不认真阅读这样一个伟人（威廉·劳）的著作却能以满分通过所有考试——这个人不仅是英语散文大家，而且也是当时极为有趣的思想家以及整个圣公会历史上最受喜爱的圣人之一，"他接着说，"我们目前对劳的忽视再度表明，20 世纪的教育家们已经不再关注终极真理或意义的问题，（除了单纯的职业训练），而仅仅关心浅薄的无关紧要的文化传播，以及愚蠢而冠冕堂皇地培养为学术而学术。"① 赫胥

---

① 〔英〕阿尔道斯·赫胥黎：《长青哲学》，第 227 页。

黎认为那些卓越的神秘主义者对于教育的意义，在于他们现身说法、知行合一，从而实现了更高的认识，成为了更好的人，"如果一个作家'把所有的经历都花在写作上而不是遵照他所学的知识去提高完善自身，那么，他的知识就决不会'更上一层楼'了"。

《长青哲学》囊括了赫胥黎的诸多见解。其一是长青哲学的理论建立在神秘体验的事实之上，其二为"自我是一种厚厚的几乎不透明的媒介，阻挡了绝大部分来自实在（Reality）的光线，歪曲了它允许透过的所剩无几的光线"，要发现永恒的真理、合一认识神圣本原，须去除我执、消泯自我。赫胥黎说，神秘主义的吸引力就在于，它提供了一个摆脱了教义的宗教，而五花八门的教义本身，就是建立在不健全基础上的非本质的东西和随意解释的事实。赫胥黎深信，没有神秘主义之光照耀的世界必定是"一团漆黑、愚蠢荒唐"的。

一般而言，宗教社会学家也会非常关注特定的神秘主义组织；从这个角度切入，西方神秘学研究不知不觉变成了"新宗教运动"（New Religious Movements）研究，主要关注在西方神秘学信念系统基础上建立起来的大大小小的宗教组织，比如神智学会、人智学会等。正如前义所述，《长青哲学》一书乃是赫胥黎想为战后人类的精神重建做一点专门贡献，"二战"后，他越来越醉心于用神秘主义或说宗教的办法来重建世界，当时美国有许多宗教机构和身心灵团体，然而赫胥黎本人似乎并没有考虑与这样的团体生活在一起，但对其思想感兴趣。根据我们掌握的现有资料，未见赫胥黎与特定的神秘学组织有隶属联系。

"赫胥黎先生的心声"

1948年，赫胥黎夫妇回去探望他们的故乡欧洲，历意大利、英国，耳闻目睹愈演愈烈的军备竞赛情状与各种政治意识形态之间的冲突，数月后返回美国，赫胥黎借创作的文学形象之口大声疾呼：战后，欧洲传统的价值观消失了，遗留下来的真空被进步和民族主义的愚蠢梦想充塞，科学家成了专家，而不再是人。与此同时，越来越多的人发现，赫胥黎"变得越来越圣洁"，像一个圣徒，带着超凡的沉静和圣洁，声音庄严、柔和、优美，震撼人心。期间，赫胥黎一直在酝酿一部意大利天主教神秘主义者题材的小说《锡耶纳的圣凯瑟琳》，为此几度走访锡耶纳。1950年6月，赫胥黎返回英国探望兄嫂和亲朋故旧，发现亲朋故友都已上了年纪，谢了顶，腹部凸出，给这位流亡加州者留下了深刻印象，他叹谓"谁也逃脱不掉似水年华"。

作为一位文学家，赫胥黎可以说天性敏锐善感；其涉足的精神疆域，也远比同侪丰富、辽阔和深刻，而这一点是由眼光和探索精神决定的。如王六二先生所言，哲学家关心宗教似乎天经地义，"一个哲学家，即使没有宗教思想，至少也有自己的宗教观点或对宗教的看法"，而一个文学家关心宗教则似乎略显奢侈，"尽管文学家都要谈人生观，但大多达到形而上的层次就打住了，至多有点哲学味。不过，大文学家都是奢侈的，他们不仅要谈人生观，不仅要把人生观谈到形而上的层次，而且还要谈到世界和人生的终极性质"[1]，这样的大文学家无疑非常可贵，王六二先生

---

[1]　王六二：《一个不可知论者的宗教观》，《世界宗教文化》1995年第1期。

这段文字褒扬的是毛姆，不过用在赫胥黎身上也完全合适。1948年，代表《图画邮报》采访赫胥黎的西里尔·康诺利说，"如果你看看他的脸，首先会得到一种巨大才智的印象……更加值得注意，而且几乎是他所特有的是他的脸上焕发出来的安详、慈爱与和蔼；你不再感到'一个多么睿智的人啊'，而是感到'一个多么好的人啊'"，而这位记者素以冷静著称。20世纪五六十年代，人们对赫胥黎的普遍看法已趋圣化，认为他已超凡绝尘，精神支柱远在这个世界之外，但其遗孀劳拉·赫胥黎（第二任妻子）则强烈表示不同意这种看法，她坚定地认为，赫胥黎是非常入世、放松和快乐的，"我无法告诉你这个人是多么文雅和温情：又容人，又温情，又体贴"。赫胥黎去世后，朋友们致的悼词与劳拉的看法倒是一致。

　　作为一名长青哲学思想家，赫胥黎在语言和宗教方面具卓越学识，并富有创见。N.默里认为可以这样概括赫胥黎的哲学：只有改善我们自己，才能改善世界。在《旁观者》杂志书评中，历史学家C. V.韦奇伍德称《长青哲学》是"赫胥黎先生的心声"，并指出这本书无疑是一位思想家的著作，书中始终如一的关切可谓寥若晨星，像一把精神火炬在黑暗中燃烧。

二、"神秘主义选集"？

《长青哲学》（*The Perennial Philosophy*）是阿尔道斯·赫胥黎所作的一部长青哲学选集，书中摘录有埃克哈特、鲁米、圣伯尔纳、威廉·劳、圣十字约翰、特蕾莎、老子、庄子、六祖惠能、马祖道一、黄檗希运、圆悟克勤、永嘉玄觉以及《薄伽梵歌》《奥义书》《西藏度亡经》《楞严经》《楞伽经》《金刚经》《圆觉经》《法句经》《坛经》《西游记》等的语句选段,作者按照若干主题将这些经典选段分布排列,并进行专题性哲学分析。选录这些文段,缘于赫胥黎认为,"它们有效地阐明了整个长青哲学体系中的某些要点,同时也因为它们本身就熠熠生辉、令人难忘",作者对这些节选进行评述、说明、对照和延展,并在必要时加以阐释;同时也申明,"它虽然是文集,却鲜有职业文人的作品;虽然是阐明一种哲学,却几乎没有职业哲学家的东西。原因很简单。长青哲学主要关注的是万物、生命与心灵的大千世界背后那个神圣的实在。但要想直接领会这个实在的本性,必须满足某些条件:充满爱、心灵纯洁和精神谦卑",而遗憾的是,"极少有迹象显示出职业哲学家和文人要努力满足必要条件以获得直接的灵性知识"。也就是说,赫胥黎选录的人物,是灵性疆域的亲历者,他们通常会被冠以"圣人""先知""贤哲""觉者"之名。"有理由相信,真正知道自己正在谈什么的是这些亲身体证者。"在印度,公认有两类经典:"聆听书"(Shruti)和"传承书"(Smriti)。"聆听书"亦称天启著作,乃是直接契入终极实在的产物;"传承书"建立在"聆听书"的基础上,是对"聆听书"的阐释和论证。用印度教吠檀多学派著名论师商羯罗(Shankara)的话来说,"聆听书"依赖于直观,"传承书"的作用则类似于归纳,其权威性来源于"聆听书"。赫胥黎写明,作为选集,《长青哲学》"多次选录'聆听书'和'传承书'中的段落,并附上解释性的评论"①。正如N.默里的评述,赫胥黎的《长青哲学》"去掉了一些炫耀的术语,但它在实质上是世界上重要的神秘主义著作的一系列摘要。此书对每一段摘要都作了介绍和阐发,使得前后章节相连。对神秘主义不熟悉的读者也会觉得材料如此安排很容易引起阅读的兴趣,是一本非常有价值的入门书,留给人思考的余地"②。

章节主旨与考察对象

《长青哲学》一书考察了大量信仰形式,包括基督教神秘主义、禅宗、道教、印度教和伊斯兰教苏菲派等,研究了各种宗教传统中的精神信仰,并解释这些信仰是如何统一在人类渴望体验神性这一共同的愿望下的。《长青哲学》涉猎了人类历史上几乎所有宗教形式,作者以常人不及的敏锐洞察力,撷取了各宗教中神秘主义思想家的言辞,并试着在此基础上完成某种综合分析,来探究一切宗教所共同发现的"神圣实在"。全书共二十七章,分二十七个主题选录编排引文,寻幽发微,对东西方历史上神秘主义者的分析和比较启人深思,可以说是一部触及东西方思想深处的著作。书中的纯历史部分"用一种非常传统的教科书的方式加以叙述,而对宗教和政治则加以理论化,这就使得读者兴趣盎然"③。兹撷取此书目录,对其编次结构、子主题及相应主旨做一概览。

---

① 引文分别见〔英〕阿尔道斯·赫胥黎《长青哲学》,第1、3、4页。

② 〔英〕N.默里:《赫胥黎传》,第342页。

③ 同上书,第322页。

表 1

章目	主题	主旨
导论		
第一章	"那个"是你	"神圣本原"是人的实相
第二章	本原的本性	"神圣本原"的性质
第三章	人格、神圣、神的化身	人格神、化身是"本原"的呈现形式及通道
第四章	世上的神	最高的神乃是神性
第五章	爱	灵性宗教中爱的特征和意义
第六章	苦行、无执、正命	"苦行"与"无执""正命"内在相关，减损我执方为真正的"苦行"
第七章	真理	何为真理
第八章	宗教与性情	不同性情对应不同的宗教修行之途
第九章	自知	认识自己
第十章	恩典与自由意志	宗教修行中的自力与他力
第十一章	善与恶	"善"为无我，"恶"为有我
第十二章	时间与永恒	时间与永恒不二
第十三章	拯救、解脱与开悟	拯救、解脱与开悟的性质
第十四章	不朽与生存	不生不灭与长生不死的差别
第十五章	静默	静默的宗教意义
第十六章	祈祷	祈祷的真义
第十七章	苦	苦的宗教价值
第十八章	信	信的真义
第十九章	神不可嘲弄	用思维理解神乃是嘲弄神
第二十章	"虔诚能激起如此的恶行"	所谓的"虔诚"是修行路上的陷阱
第二十一章	偶像崇拜	"偶像崇拜"是修行路上的陷阱
第二十二章	情感主义	"情感主义"是修行路上的陷阱

（续表）

第二十三章	奇迹	灵性宗教对神通、超能力等奇迹的认识
第二十四章	仪式、象征、圣事	仪式、象征、圣事的意义
第二十五章	灵修	灵修的意义在于提升心性
第二十六章	坚毅与规律性	功夫上坚毅与规律性的重要性
第二十七章	静观、行动与社会效用	静观者与行动者两种人格类型的社会效用

其引证和述及的人物与典籍极为丰富，按宗教流派大略可归纳为四大系统：犹太-基督教系统、印度教系统、佛道教系统、伊斯兰系统，其中后三个系统属于东方系统。这里试统计出各系统典籍和人物的征引频次，从一个角度来凸显《长青哲学》一书所研究对象的大体分布情况。

表 2

宗教系统	典籍	人物
犹太—基督教系统 共计 *243 次	《对观福音书》*5 《女修士规章》*1 《神秘神学》*1 《神的名号》*1 计 *8 次	埃克哈特 *32 圣十字约翰 *27 威廉·劳 *30 圣奥古斯丁 *13 圣伯尔纳 *11 圣托马斯·阿奎那 *8 托马斯·特拉赫恩 *8 让-皮埃尔·加缪 *7 亚里士多德 *7 吕斯布鲁克 *6 斐洛 *6 波埃修 *5 圣特雷莎 *4 汉斯·丹克 *4

（续表）

宗教系统	典籍	人物
犹太－基督教系统	《对观福音书》*5 《女修士规章》*1 《神秘神学》*1 《神的名号》*1	汉斯·丹克 *4 坎菲尔德的贝尼特 *4 雅各布·波墨 *4 乔治·福克斯 *4 奥古斯丁·贝克 *4 锡耶纳的圣凯瑟琳 *4 热那亚的圣凯瑟琳 *3 查理·德·孔德恩 *3 塞巴斯蒂安·卡斯泰利奥 *3 约翰·史密斯 *3 亚略巴古的狄奥尼修斯 *2 科萨德的让·皮埃尔 *2 约翰·埃弗拉德 *2 约翰·伍尔曼 *2 海因里希·苏索 *2 大阿尔伯特 *2 圣安瑟尔谟 *1 阿姆洛 *1 威廉·佩恩 *1 布尔古安 *1 弗兰克 *1 魏格尔 *1 本杰明·惠奇科特 *1 彼得·斯特里 *1 罗伯特·巴克莱 *1 威廉·坦普 *1 斯宾诺莎 *1 孙大信 *1 斯威夫特 *1 托马斯·阿诺德 *1 阿克顿 *1
共计 *243 次	计 *8 次	计 *224 次

（续表）

宗教系统	典籍	人物
		如下西方人物为文学家或学者，似不宜简单归入基督教系统，故单列： 坦南特 *3 华兹华斯 *2 白芝浩 *1 威廉·詹姆士 *1 埃斯库罗斯 *1 莎士比亚 *1 拜伦 *1 列夫·托尔斯泰 *1
共计 *243 次	计 *8 次	计 *11 次
印度教系统	《薄伽梵歌》*19 《奥义书》*11，分别为： 《歌者奥义书》*4 《慈氏奥义书》*3 《大森林奥义书》*2 《羯陀奥义书》*1 《白净识者奥义书》*1 《薄伽梵往世书》*2 《分辨宝鬘》*2 《万物之主》*1 《瓦西斯塔瑜伽》*1 《坦陀罗原理》*1 《圣典博伽瓦谭》*1 《如是语经》*1 《阿育王法敕》*1	商羯罗 *12 迦比尔 *6 室利·阿罗频多 *1 觉音尊者 *1
共计 *60 次	计 *40 次	计 *20 次

（续表）

宗教系统	典籍	人物
佛道教系统	佛教： 《楞伽经》*8 《金刚经》*4 《楞严经》*3 《法句经》*2 《圆觉经》*1 《慈爱经》*1 《三明经》*1 《火燃经》*1 《大乘庄严论》*1 《大乘起信论》*1 《西藏度亡经》*1 道家： 《庄子》*16 《老子》*11 《西游记》*2	六祖惠能 *4 永嘉玄觉 *3 三祖僧璨 *2 石头希迁 *2 圆悟克勤 *1 马祖道一 *1 雪窦重显 *1 白隐慧鹤 *1 了然尼 *1 大应国师 *1 蒋之奇 *1
共计 *70 次	计 *52 次	计 *18 次
伊斯兰系统	《佚名苏菲派格言》*1	鲁米 *18 赫拉特的安萨里 *5 拜齐德 *4 加扎利 *3 阿布·赛义德 *1
共计 *32 次	计 *1 次	计 31 次

注：1. 表中的典籍、人物均按征引次数排列。2. * 号后为引用次数。

西方典籍及人物引用频次计 200 余次，东方人物典籍引用频次近200次，大体相当。如上，对于东西方宗教之灵性部分，《长青哲学》一书予以同等关注，作者基于丰富史料，采取开放态度和中立无偏见的立场进行研究，在西方学术界及宗教界均备受好评。休斯顿·史密斯对《长青哲学》的评价较富代表性："赫胥黎的《长青哲学》深入影响了20世纪对宗教的理解。它恰如其分地提供了一个更人性化的信仰发展前景。这本书让'长青哲学'的说法名声大噪，用赫胥黎选的副标题来说，这本书是'对东西方最伟大的神秘经验者的解读'。他通过精巧的选录，传达一种存在于世界宗教之中的心理学与伦理学的神圣实相的真义。"[①] 休斯顿做此论断，并非将自己置身事外，在其经典之作《人的宗教》一书中，可以看出《长青哲学》对其宗教认知和思想风格的深入影响。

所谓"神秘主义"

《长青哲学》一书的副标题为"神秘主义经典选集"，用休斯顿·史密斯的话说，此书乃是"对东西方最伟大的神秘经验者的解读"。提起神秘主义，人们总容易将它与民间迷信、邪门歪道或反理性倾向混淆起来；目前做身心灵生意的商家越来越多，活跃在新时代背景下的催眠灵媒、导师或"通道"也随处可见，良莠不齐、纷繁复杂的现实也无疑在加重学界对其疏离乃至恶感。然而，黄沙之中亦有金，倘若在这种肤浅而武断的混淆性认识上画地为牢，便一并抛置了其中对人类的精神品质卓有价值的珍贵

---

① Huston Smith, "Is there a perennial philosophy?", *Journal of the Academy of Religion*, Vol. 55, No. 3 (1987), pp. 553-66.

部分。审细而思，神秘主义也完全可登现代学术的"大雅之堂"（虽然仍有彼此格格不入之感），其被称述的时代背景、内在的思想动机、重大的思想成就和深远影响均值得认真对待和仔细研究，对此特定对象进行的学术研究称为"神秘学"。21 世纪以来，作为一个刚刚开始专业化的年轻学术领域，神秘学研究已经开始在学术语境中确立。一些学者倾向于把"神秘学"定义为前现代施魅的原型，另有一些学者把它看成一种本质上现代的现象，更多学者则似乎认为"神秘学"是一种超越时代、契入某种不受时间影响的精神实在的途径。第三种认识更切近传统神秘学的核心，借由对传统的神秘学信念的探析，可把握神秘学一脉历经时间与事件洗练的"经典之论"，还可以探明其如何在现代化或世俗化等新发展的影响下被修改、转变和重新使用。此一研究路径，倾向东西辉映、借古鉴今，长青哲学传统是这条路径的典型代表。

而"神秘主义"这一说法本身，就反映了过度崇尚"理性"和"泛科学化"的时弊，折射出科学主义思维方式的强势。赫胥黎意识到思维方式的重要性，他在写给长兄朱利安的书信中说："对于生活中的重大事件，在我们并不理解自己的思考方式时，任何理性的思考和行动都是毫无指望的。"[①] 人须认识自己的思维方式，"不是说只有理性的才是科学的，非理性的就不是科学。然而，我们用科学理性来套，就会制造出一些名词，原来我们常常

---

① 〔英〕N. 默里：《赫胥黎传》，第 306 页。

把一些东西说成神秘主义，神秘主义就是不理性，现在有的人想办法让它和科学靠拢，不叫神秘主义，叫作'超理性'，超越理性。其实这也没有必要"①，而"所谓的科学的思维模式，其实在某种程度上就扼杀了事物本来的多样性"②。

楼宇烈先生对科学的最新进展颇多注目，对固必的科学主义则颇为警觉，"20世纪以后，科学的发展早已经突破了传统的实证科学的概念，所以我们现在的科学是可以讲个别性的，是可以讲非线性思维的。所谓非线性，是指不按照逻辑推理逻辑性地进行。我们现在的科学强调'随机性'，强调模糊性，强调混沌、非线性思维，现在，科学的概念已经和'实证科学'有很大的差异。但是，人们的思想还未跟上这个变化，我们还是用传统的实证科学的概念去衡量我们的科学，而且还'泛科学化'，什么东西一用科学来证明，大家就信了，其实在信的过程中我们已不知不觉地上当了"，"有些事情不需要用所谓的实证科学来验证，不需要套上科学的外衣才合理合法"，"并不是说只有理性的才是科学的，非理性的就不是科学"③。社会科学和自然科学在研究方法上相通之处较多，但探讨人的心理、精神、情感的人文学科领域可以有不同的方法，"不一定要用所谓的社会科学、自然科学去套人的心理、精神现象，或者说我们想尽办法要用自然科学的方法来说明它，这是没有必要的"④。

---

① 楼宇烈：《宗教研究方法讲记》，北京大学出版社2013年版，第8页。
② 同上书，第10页。
③ 同上书，第8页。
④ 同上。

　　时下佛教界乃至学界许多人持"佛教最能支持科学"或"科学证明了佛教"论点，在这个问题上，青年学者张卜天的态度清晰而审慎，他认为："在谈及'佛教与科学'时，很少有人认真思考过这其中的'佛教'、'科学'甚至'与'是什么意思。'科学'的指涉往往模糊不清：有时是指冷静理性的研究方法（佛陀用这种方法认识了关于内在和外在世界的深层真理），有时是指机械论、进化论、相对论、大爆炸等特定的理论（佛教教义中可以看到这些理论的前身），有时是指显微镜、望远镜、光谱仪等特定的技术（被用来发现佛陀不借助这些工具已然洞悉的东西），有时则指对物质的操控（如果不与佛陀的慈悲相结合，就会对人类产生可怕后果）。而佛教的真理一般认为是永恒的，佛陀在觉悟时彻悟了实相，自那以后没有什么发现能够超越这种实相。从这个角度看，在过去两千五百多年里发展出来的所有佛教教义和修行的目的都在于开显佛陀觉悟的内容。"[①]

　　需要指出的是，我们对佛教的这种"科学化"的现代理解经历了一场"变异"的历史，事实上，"这些对科学与佛教的理解都是在过去三百多年的时间里形成的，在构建对佛教（以及基督教等）的现代理解中，科学起了关键作用"[②]。楼宇烈先生经常提醒学生，"宗教也是一个历史的概念"，"过去宗教就是生活，尤其在西方"[③]，澳大利亚学者彼得·哈里森（Peter Harrison）在其

---

① 张卜天：《爱因斯坦与佛教》，《南方周末》2016 年 5 月 12 日。
② 同上。
③ 楼宇烈：《宗教研究方法讲记》，第 10 页。

《科学与宗教的领地》(*The Territories of Science and Religion*)中指出，"科学"(*scientia*)和"宗教"(*religio*)起初都是指个人的内在品质(inner qualities)或"德性"(virtues)，到了16世纪则渐渐成为首先通过教理(doctrines)和实践(practices)来理解的东西，成了命题式的信念系统，"科学"与"宗教"被具体化(reified)或客观化(objectified)，这是"科学"与"宗教"之间产生关系的前提。19世纪开始，人们才第一次开始谈论"科学与宗教"。"佛教"也不例外，把"佛教"与"科学"放在一起来谈也只有一百五十年左右的时间。英文的"Buddhism"(最初写作Boudhism)一词也是西方人根据对自己宗教的理解于1801年创造出来的。"科学"和"宗教"的这种具体化或客观化使得"科学"与"宗教"(包括"佛教")渐渐开始抢夺同一块中性的认知领地，就好像佛教的宇宙观和认识论一定要与科学的宇宙观和认识论决一雌雄、分出胜负一样。① 由于现代科学的强势，诉诸科学成了宗教为自己辩护的有力策略。然而，无论具体如何辩护，这种策略都有两个缺点：首先，它必然会巩固科学的权威地位，从而间接增加科学说法的可信性；其次，它在某种程度上促进了对"宗教"的一种特殊理解，即宗教是某种可以用自然科学来支持的东西。然而，一旦可以用科学来支持，也就可以用科学来批判。为使这种"佛教"与"科学"相容，必须对佛教加以严格限制，许多被视为本质性的内容将被淡化或消除。"对科学的攀附已使佛教

---

① 参看〔澳〕彼得·哈里森《科学与宗教的领地》，第270—289页。

付出了沉重代价,因为这样理解的佛教已经失去了某些最本质的东西。若把佛教与科学拉到同一层面,长远看来失败的必定是佛教。对使用的概念多一些敏感性,对思想史多一些了解,会有利于佛教以及其他各宗教的健康发展。"[1]

爱因斯坦的科学成就举世闻名,然而这并非其精神向度的全部,更代表不了其世界观,他明确说:"我们所能有的最美好的经验是神秘的经验。它是坚守在真正艺术和真正科学发源地上的基本感情。谁要是体验不到它,谁要是不再有好奇心也不再有惊讶的感觉,他就无异于行尸走肉,他的眼睛是迷糊不清的。就是这种神秘的经验——虽然掺杂着恐怖——产生了宗教。我们认识到某种为我们所不能洞察的东西存在,感觉到那种只能以其最原始的形式为我们所感受到的最深奥的理性和最灿烂的美——正是这种认识和这种情感构成了真正的宗教感情;在这个意义上,而且也只是在这个意义上,我才是一个具有深挚宗教感情的人。我无法想象一个会对自己的创造物加以赏罚的上帝,也无法想象它会有像在我们自己身上所体验到的那样一种意志。我自己只求满足于生命永恒的奥秘,满足于觉察现存世界的神奇结构,窥见它的一鳞半爪,并且以诚挚的努力去领悟在自然界中显示出来的那个理性的一部分,即使只是其极小的一部分,我也就心满意足了。"[2]

---

① 张卜天:《爱因斯坦与佛教》,《南方周末》2016 年 5 月 12 日。

② 〔美〕爱因斯坦:《我的世界观》,《爱因斯坦文集》(增补本)第三卷,许良英等编译,商务印书馆 2010 年版,第 58—59 页。

长青哲学传统既是一门活的学问，自然观照到政治、科技、组织机构、教育等人类生活之方方面面，但并非扎根在这些领域中；它关注事物的本质，而不是表面现象。长青哲学认为，许多时候，人们在社会、政治、经济方面的举动，其动机是一种内在的寻求，寻求内心的自由和解放；而言论自由、思想自由、政治自由与个人的成长和心灵解脱是分不开的，也许只是在同一条道上的不同侧面。可以说，长青哲学意义上的神秘主义，根本而言直面的是心的问题。将藏传佛教带入西方的秋阳·创巴一针见血地指出："无论你如何处理生活情况，总是有着心物之间的沟通，可是你不能仅靠物质上的装备或借着操纵心外之物避开心的问题。我们看到社会上有很多人就是想要这么做；他们穿上僧服出家，过着非常刻苦的生活，把人类共有的习惯行为都抛弃了，但是最后他们还是必须对付他们迷惑的心。迷惑起于心，所以我们必须从心下手，不要企图绕过心去。"①

神秘主义是西方宗教文化不可或缺的组成部分，同时也或显或隐地参与了哲学和科学领域，于是在现代学术上有"西方神秘学"这个专门术语。而这个术语"也许很容易暗示整个神秘学领域内部有某种基本的东西方区分，暗示除西方神秘学之外必定还有一种'东方神秘学'。我们已经看到，基于'内在维度'原型的宗教主义观点所作的恰恰是这个假定。因为它认为，个人契入普遍灵性真理的内在途径是所有人原则上都可以获得

---

① 秋阳·创巴仁波切：《突破修道上的唯物》，缪树廉译，西藏民族出版社 2005 年版，第 212 页。

的，西方神秘学在东方必定有其对应。这样一种观点的逻辑结果是，'神秘学'研究成了一种比较宗教研究，试图发现全世界'内在'宗教共同的东西……在宗教主义基础上对宗教经验所作的比较研究也不需要'神秘学'这个标签"[①]。如此来看，东方更是充溢着广义上的神秘主义，但"神秘主义"的说法则是舶来品，英文为 *mysticism*。通常将 *mysticism* 译为"神秘主义"，学界一直这么沿袭下来。张祥龙先生不太喜欢"神秘主义"的译法，而提倡"神秘体验论"的说法，他认为，其不妥之处在于，"几乎所有的'mystic'或主张'mysticism'的人都强烈反对让任何'主义'（观念化的理论、作风和体制）来主宰和说明自己的精神追求。他们所寻求的是超出任何现成观念的原发体验；在基督教（主要是宗教改革前的基督教和改革后的天主教）可说是与神或神性（Godhead）相通的体验，在非基督教特别是东方文化传统中，则是对本源实在（梵-我，道，佛性）的体验。这样，称之为'主义'就有悖其义。此外，在当今汉语界中，'神秘主义'似乎带有浓重的反理性色调，在许多语境中已不是个中性的，而是否定性的词。将'mysticism'译为'神秘体验论'就避免了这一层不必要的成见"[②]。而"所谓'神秘体验'，是指这样一种经验，人在其中感到自己与一个更高、更深或更神异的力量相接触，甚至合而为一，体验到巨大的幸福、解脱、连贯和至真。至于这个更高深的

---

① 〔荷〕乌特·哈内赫拉夫：《西方神秘学指津》，第 17 页。

② 张祥龙：《吕斯布鲁克及其〈精神的婚恋〉中的"迎接"的含义》脚注 2，《从现象学到孔夫子》，商务印书馆 2011 年版，第 384 页。

力量是什么，则依体验者所处的文化、有过的经历而得到不同的指称和解释，比如'梵'、'神我'、'佛性'、'酒神'、'缪斯'、'基督'、'上帝'、'太一'、'道'、'天'、'元气'、'元神'、'太极'等。这种不寻常的体验往往给体验者以极大的激发、启示、信心和灵感，由此而创造出精神上的新东西，成为艺术的、宗教的、哲学的、社会的，乃至科学的新起点"①。马斯洛、赫胥黎、肯·威尔伯所使用的"mysticism"也是指一种重视神秘体验的倾向，它区别于那些保守的、因循守旧的、讲究实用的倾向，其含义与张祥龙先生的阐释大同小异。马斯洛把神秘体验看成是一种"高峰体验"，更多使用"高峰体验"这一容易被大众接受的术语。

　　林徽因写给友人费慰梅（Wilma Fairbank，1909—2002）的一封信中，提及费正清（John King Fairbank）的著述《美国与中国》，她这样说："我们当然欣赏、钦佩、惊奇和进行了许多讨论，大家都对这本书有非常非常深的印象，有时我们互相以热情赞美的话说，费正清显然是把握了华夏臣民的复杂心态，或知道我们对事物的不同感觉，所以这不是那种洋鬼子的玩意儿。……没有一处是外人的误解……我和思诚非常惊讶，他真的没有那种外国人的善意的误解、一厢情愿的希望或失望，我尤其欣赏费正清能够在谈到西方事务时使用西方词汇，谈中国事务时用中国语汇。而同一个西方语言却既能让美国读者用自己的语汇来读关于中

---

①　张祥龙：《感受大海的潮汐——〈神秘主义经典系列〉丛书总序》，《从现象学到孔夫子》，第409页。

国的事,又能让中国读者用另一种语汇来读关于自己国家的事,我们对这一点都特别欣赏。"①这种赞赏的角度,折射出东西文化交流与相互解读的理想。通观《长青哲学》全书,赫胥黎似乎清楚地意识到,众多宗教和文化背景中的探索者相互独立、各自努力,使用的语言工具、方法论不尽相同,却有某种深层上相类似的认识,他并不试图把东西方文化体系整合,而只是在触及心灵层面的各个主题下,把它们放在一起对观;他尽量尊重每一文化模式的独特性和整体性,让它们自美其美,又美美与共、交相辉映。

应该说,长青心理学家威尔伯的意识光谱理论,对赫胥黎会通东西方的方式又做了某种程度的推进:"每一带区或者阶层都是光谱中特别的组成部分,只有与其他带区在一起才能呈现出完整的意义。蓝色并不会因为出现在彩虹的其他颜色之间而变得不再美丽,而且蓝色本身也依赖于其他颜色的存在,……在这样的综合中不会破坏任何理论,不管是东方的还是西方的,相反,他们全都能得到广泛的对应支持。"②而如果我们意识到,已经有诸多意识研究者在不同的波段以各自的视角进行了研究,那么"我们的任务之一就是取其精华,将他们的结论融会贯通,那么这种合成的本质就会变得明朗起来了"③。

关于赫胥黎《长青哲学》一书的特点和成就,张祥龙先生认

---

① 〔美〕费慰梅:《林徽因与梁思成》,成寒译,法律出版社 2010 年版,第 209 页。

② 〔美〕肯·威尔伯:《意识光谱》,第 6 页。

③ 同上书,第 7 页。

为，首先在于它明晓、出色地回答了"意义极"这一要害问题，它"凭借众多有灵性者们的精彩话语和相关阐释，表明这个世界是有意义来源和归宿的，不管你称它作什么。不仅有这个源头，它还被表明是完全收敛的，常常被说成是原本的'　'"。其次则在于它指出这个"一"不可思议，"这'一'既不可能被人类的概念化思维所把握，也不可能被命题化语言加以肯定性地直接表述。它既不是承载属性的实体，也不是被谓语述及的主词，而是不可被在任何意义上观念化、定义化和对象化的源头。'梵是"让语词却步"的一。'（〔印〕商羯罗；见本书第二章，下同）'神是根本无法把握的。'（圣十字约翰）'故恒无，欲以观其妙。'（《老子》第一章）这种见地与不少宗教和意识形态的主流表达是不同的，具有根底处的解构力"①。第三则在于它指出了这个"一"仍然可被呈现和领会，"虽然不可凭借命题来道出，但这意义极却可以通过各种非概念、非对象化的方式来得到显示，包括语言的隐喻显示。'唯生命诸气息为真实，梵则其真实也。'（《大森林奥义书》）'神的真理的奥秘单纯、绝对而永恒，隐藏于密显寂静的绚烂黑暗之中。'（亚略巴古的狄奥尼修斯）'腐朽复化为神奇。'（庄子）而且，这种显示要有机缘，当人处于濒死的危机情境中，例如一架'生还无望'的 B-17 战斗机的机组成员的处境（本书第三章），那么朝向这意义极的心灵开启就可能发生"②。第四则在于它明确指出"单纯"的重要以及必要，"通向此意极的意识

---

① 张祥龙语，见〔英〕阿尔道斯·赫胥黎《长青哲学》，第 vii 页。
② 同上。

状态必是'去我'后的单纯，比如老子所谓'素朴'，而要达到这种原真的单纯，最可行的方式是'爱与谦卑'（本书第五章及以下）"[1]。第五则在于它对各种灵修弊病的警觉，"此书还说及灵修的各种方式，如祈祷、静默、念诵圣名等；又对灵修中可能产生的某些弊病做出诊断，提出对治之策。如果人们在素朴上强加入名相、机心、功利、情绪，并执着之，则有拜偶像和强迫症一类的弊病。其小者由修行者自己面对，其大者如宗教战争、无良商业和科技崇拜，则要由众生来承担"[2]。第六在于它宏阔的交叉对比视野，"此书作者突破了西方中心论，尽量展示他所得知的所有长青哲学或神秘体验传统，虽然还是以中、西、印三大统绪为主，但已经形成了跨文化、跨宗教、跨语境的交叉比对视野。在它之中，我们对老庄、印度教、佛教和西方宗教的理解，都生出新鲜感。比如对老庄书中反复描述的得道者的素朴心灵状态和处世风格，像'愚'、'闷'、'虚'、'神凝'、'支离'、'朝彻'、'处顺'、'浑沌'、'逍遥'等，在这新视野中，特别是与西方神秘体验者'单纯'境界的对比中，就得到了富于开启力的再领会"[3]。最后在于其"哲学"与宗教、道德、历史、政治、经济、社会组织、科学技术、语言文学等紧密联系，"形成一个以终极的爱意之源为根基的全方位的评价网络，批评各种'无爱'的表现，很有助于人们从长青哲理的深度来理解人类的过去、现状与未来"[4]。

---

① 张祥龙语，见〔英〕阿尔道斯·赫胥黎《长青哲学》，第 vii—viii 页。
② 同上书，第 viii 页。
③ 同上。
④ 同上书，第 viii—ix 页。

　　对于世界、灵性实在或神圣本原的实质、生命的意义以及死后的归宿，我们如何来寻求答案呢？应当只相信教会、神学家、圣经等传统权威就这些问题发表的看法吗？我们难道不应尝试用自己的感官和理性去探明真相吗？或者说，在回答最为深刻和根本的关于存在奥秘的问题时，这些传统认知方式够用吗？如果不够，还有其他方式吗？赫胥黎写作《长青哲学》，是有如上问题推动的，他自己倾向于"要求更高的知识或完美的知识"；而放眼《长青哲学》中研究的各灵性宗教，我们发现其代表人物皆是追求这样的知识，他们通常相信，"无中介、超理性和拯救性地直接契入实在的最高灵性层次至少原则上是可能的"①。《长青哲学》试图阐明普遍而久远的人类内在智慧传统，使之作用于人的心灵，在现代社会焕彩。那么，"长青哲学"与一般意义上的"哲学"有何种不同呢？赫胥黎回答说，亚里士多德与各大宗教传统中的长青哲学倡导者之间有如下巨大差异，"亚氏主要关注宇宙论，长青哲学家则主要关注解脱和开悟；亚氏满足于从外部和理论上认识那个不动的推动者，长青哲学家的目标则是直接领会它，合一地认识它，从而使人可能实际成为这个不动者。这种合一认识可以是极高的认识，也可以是完满的认识，还可以是既高又完满的认识"②。我们将尝试呈现赫胥黎在现代化的线性潮流中，如何表述这种既高又完满的认识。

---

① 〔荷〕乌特·哈内赫拉夫：《西方神秘学指津》，第108页。

② 〔英〕阿尔道斯·赫胥黎：《长青哲学》，第86—87页。

第二章　"'那个'是你"

宗教史家米尔恰·伊利亚德发现，如果从宗教本身出发去研究宗教，"任何宗教都有一个不可化约的因素，那就是'神圣'。'神圣'可以通过'世俗'来显现自己，成为与世俗完全不同的事物，这就是所谓的'神显'（hierophany）。神显的形式多种多样，可以是自然事物，如石头、树木，也可以是像基督教那样的道成肉身。宗教的历史就是由无数'神显'的实体所构成的历史。处在历史中的人通过'神显'而与'神圣'相遇，体验'神圣'。因着与'神圣'的相遇，生存的空间和时间都被圣化了，由此获得与'世俗'全然不同的意义。在'神圣'赋予人类生存以意义的层面上，人不是'世俗的'存在，而是'宗教的人'"[①]。而赫胥黎告诉我们："长青哲学"就是"形而上学""心理学""伦理学"等所探讨、发现、认识的万物、生

---

① 〔美〕米尔恰·伊利亚德:《宗教思想史》第1卷，第5页。参看〔美〕伊利亚德《迷宫考验》（*Ordeal by Labyrinth*），芝加哥大学出版社1982年版，第5页。

命、心灵背后的神圣本原的学说，亦即万物内在而超越的本原的学说，长青哲学主要关注的是大千世界背后那个神圣的实在。如何理解"神圣实在"？赫胥黎说，人们从各个方面探求的这个"神圣实在"其实不在别处，而就在每个人自己心中。为此，他引用了大量东方古代宗教、哲学、诗歌（包括印度《吠陀经》《薄伽梵歌》、佛经，伊斯兰教经义、经师、诗人，中国道教、老庄、禅宗语录、公案，等等），以及西方中世纪那些注重心灵感应的神学家的著述来说明这一点。如何才能把握"神圣实在"？赫胥黎从千百年来往圣的教导与启示中，提炼出了一条在他看来几乎是唯一的必由之路："要想直接领会这个实在的本性，必须满足某些条件：充满爱、心灵纯洁和精神谦卑"，"两三千年的宗教历史已经一再证明，只有那些让自己充满爱、心灵纯洁和精神谦卑者才能清晰地直接把握终极实在"。赫胥黎强调，对于"神圣实在"的探求，我们无论做多少理论研究，"也不如一个处于爱和谦卑状态下的超然物外的心灵所直接领会的多"①。

第一节 神圣本原

简明而言，《长青哲学》阐述的中心就是一个梵文短句：*tat tvam asi*（"那个"是你）。"这句梵文名言非常简洁地表达了这种教导：阿特曼，或内在的永恒自我，与梵——万有的绝对本原——

---

① 〔英〕阿尔道斯·赫胥黎：《长青哲学》，第3、5、6页。

合一；每个人的最终目的都是亲证这一事实，认清自己到底是谁。"① 即每个个体灵魂的源头和最终归宿都在自己身上，对长青哲学倡导者而言，生命的意义要与"那个"结合起来。

"那个"究竟是什么？在不同的宗教体系和灵性体验者那里，它被冠以不同名称，神秘主义神学家埃克哈特大师有时称之为"神"，"神越内在于万物，就越外在于万物。他越是在内，就越是在外"。而只有某种超越的、迥然不同的东西才可能是内在固有的、本自具足的，不会因载体的变化而改变；它不仅在灵魂之内，而且也在外部世界。用印度《薄伽梵歌》的话来说，它是"那个充满整个世界的东西"。商羯罗说："只有认识到个体灵性等同于宇宙灵性，才能获得解脱。既不能通过瑜伽（身体训练），也不能通过数论派（思辨哲学），也不能靠宗教仪式或者单纯学习……念念药名，病不会好，得吃药。称念'梵'也不会带来解脱，解脱必须直接经验梵。""梵中没有种姓、信条、家族和世系。梵无名无相，超越优点与缺点，超越时间、空间和感觉经验对象。这就是梵，'"那个"是你'。在你的意识中冥想这个真理。"② 道家也强调超越的灵性本原普遍内在于万物之中，赫胥黎引述了《庄子》中的一段：

> 东郭子问于庄子曰："所谓道，恶乎在？"庄子曰："无所

---

① 〔英〕阿尔道斯·赫胥黎：《长青哲学》，第8页。
② 同上书，第8、14页。

不在。"东郭子曰："期而后可。"庄子曰："在蝼蚁。"曰："何其下邪?"曰："在稊稗。"曰："何其愈下邪?"曰："在瓦甓。"曰："何其愈甚邪?"曰："在屎溺。"……其物物者与物无际，而物有际者，所谓物际者也；不际之际，际之不际者也。谓盈虚衰杀，彼为盈虚非盈虚，彼为衰杀非衰杀，彼为本末非本末，彼为积散非积散也。

（《庄子·知北游》）

佛教在这个问题上的观点也一样，《长青哲学》撷取了如下这段《楞伽经》经文："如来藏自性清净，转三十二相入于一切众生身中。如大价宝，垢衣所缠，如来之藏常住不变，亦复如是。"随后引证了禅宗《永嘉证道歌》相为佐证："一性圆通一切性，一法遍含一切法，一月普现一切水，一切水月一月摄，诸佛法身入我性，我性同共如来合。"至此，赫胥黎情不自禁地赞叹道："最出色的大乘经典都包含着对长青哲学的真正表述。"[1]穆斯林和印度教徒共同尊奉的印度圣者诗人迦比尔（Kabir）倡导人们"在万物中只看一"，苏菲派圣人拜齐德则直陈："我从神走向神，直到他们在我心中呼唤，'我就是你!'"有一次，有人边敲这位圣人的门边问："拜齐德在家吗?"拜齐德回答："除了神，还有谁在这儿?"

德国新教神秘主义者汉斯·丹克则不无遗憾地留下了叹息

---

[1] 〔英〕阿尔道斯·赫胥黎：《长青哲学》，第18页。

之语："哦，我的神，为何在这可怜的旧世界，'你'这样伟大却没有人发现'你'，'你'的呼唤如此响亮却没有人听到'你'，'你'这样近却没有人觉察到'你'，'你'把自己奉献给每一个人，却没有人知道'你的'名字？人们逃离'你'说找不到'你'；他们背过身说看不到'你'；他们塞上耳朵说听不到'你'。"按照汉斯·丹克所说的，我们不知道自己真正是谁，没有意识到天国、神、大道、梵、天地之始、自性光明或说本来面目就在我们里面，所以往往会以自我所特有的愚蠢、疯狂甚至罪恶的方式来行为。而"如果觉察到迄今未知的善已在我们里面，回到我们永恒的本原并且安住在那里（我们其实一直在那里而不自知），我们就会得救、解脱和开悟"。西方的神秘主义者经常强调柏拉图在《泰阿泰德篇》中所指出的一点：只有变得像神一样，我们才能认识神。而所谓变得像神一样，就是"把我们与神性要素联系起来，这个神性要素其实构成了我们的本性"[1]。有趣的是，佛教也有"水入水，空遇空""唯佛能解佛""一地菩萨不知二地菩萨境界"的类似表达。

神圣本原又有什么性质呢？对这个问题，各个文明传统中充分发展的长青哲学都做出了本质上相同的回答，即"万物的神圣本原是一种灵性的'绝对者'（Absolute），不可思议，不可名状，但（在某些境遇下）可以被人直接体验和领会。这个'绝对者'乃是印度教和基督教神秘学说的无相之神"。这个"无相之

---

① 〔英〕阿尔道斯·赫胥黎：《长青哲学》，第23、25页。

神"又是什么？圣伯尔纳说，"我能想到的最好的回答就是，神是其所是。对于神所是的永恒来说，最恰切者莫过于此。你把神称为善的、伟大的、圣洁的、智慧的或诸如此类，这些词里都包含着它，即'他是'"。埃克哈特则说："灵魂中有一个灵，时间和肉体触碰不到，它从圣灵中流出，又始终在圣灵里，本身完全灵性。神在这个本原中长青，并永远在其真我的喜悦与荣光中绽放。有时我把这个本原称为'灵魂的圣所'，有时称为'灵性光明'，还有时称为'灵光'。但我现在要说，它比这还要高贵，比天高于地更甚。所以现在我要以更高贵的方式为其命名……它离一切名，无一切相。它是一、是单纯，正如神是一、是单纯，人无论多么聪明也看不到它。"在此，我们初步看到语言的边界——在对超越者的描述上，但凡付诸语词，最多能表达出它的某个面向。在印度教，这反映在语词和梵的关系上，商羯罗说得很清楚："一切语词的目的都是阐明对象的含义。语词在被听到时，应当能让听者理解这种含义，这要依于四个范畴：实体、活动、性质和关系。例如，'牛'和'马'属于实体范畴，'他做饭'、'他祈祷'属于活动范畴，'黑'和'白'属于性质范畴，'有钱'、'拥有奶牛'属于关系范畴。但梵不属于任何一类实休，它们没有共同的属，因此不能像用日常意义上的'存在'指称一个事物范畴那样来指称梵；也不能用性质来指称梵，因为梵没有性质；且不能用活动来指称梵，因为梵没有活动——经典上说，梵'静止不动，没有部分和活动'；还不能用关系来指称梵，因为梵'无二'，它不是任何东西的对象，而只是自己。因此，梵无法用语词或观念来定义;一如经典所说,梵是'让语词却步'的一。"① 老子说:"无名,天地之始;有名,万物之母。故恒无,欲以观其妙;恒有,欲以观其徼。此二者同出而异名,同谓之玄。"(《老子》第一章)禅宗祖师则垂示"言语道断,心行处灭",斥言语思维为"葛藤",又主张"本自具足,不假修证"。我们发现,神圣本原被称为"原神""梵""天地之始""本来面目",但它始终无法被描述、无法被理解,用佛教的话说就是离言绝相、不可思议,于是印度传统只好称为"那个"。

"那个"在基督教里被呼作"原神",以区别于普通意义上的"神"。"神"与"原神"的区别是什么呢?埃克哈特说:"借着永恒不灭的真理和我的灵魂,我恳请你思考和领会这些你闻所未闻的。神与原神的距离有如天地。天比地高千万里,而原神高于神的何止于此。神变亦不变。理解这次布道的人,我希望他好。即使没有一个人来听,我也会对着这个奉献箱来讲它。"赫胥黎指出,时间中的神(God)根植于无相原神(the modeless Godhead),正是在原神那里,万物、生命和心灵获得存在。在认识之途上,神有时会形成人与原神之间的障碍,法国天主教神父让·雅克·奥列尔(J. J. Olier, 1608—1657)斩钉截铁地讲道:"信仰的神圣之光纯净异常,与之相比,任何特殊的光都驳杂不纯;甚至连关于圣徒、圣母的观念以及从人性角度来看耶稣基督,都障碍了从神的纯净来看神。"赫胥黎评述道,这段话出自一个反对宗教改革的虔诚的

---

① 〔英〕阿尔道斯·赫胥黎:《长青哲学》,第33、36、26—27、36—37页。

天主教徒之口，也许有些让人吃惊，"但不要忘了，奥列尔（他过着圣洁的生活，是17世纪最有影响的宗教导师之一）在这里谈的是一种极少有人达到的意识状态"。这种意识状态，指的是一种完全超越性相的状态，用佛教的术语来讲便是"离一切相"。在这个问题上，《金刚经》有句与之呼应："凡所有相，皆是虚妄。若见诸相非相，即见如来"（《金刚经》第五品如理实见分），"若以色见我，以音声求我，是人行邪道，不得见如来"（《金刚经》第二十六品法身非相分）。赫胥黎援引古犹太神秘主义哲学家斐洛（Philo，约前20—40）的告诫："凡认为神有某种品质而非'一'的人，于神无伤，伤的是自己。"埃克哈特则正面教导："你须非神、非精神、非人格、非形相地爱神，爱神本身，那纯粹、绝对的一，摆脱所有二性，在他之中，须永远从无沉浸到无。"[①] 赫胥黎认为，埃克哈特所描述的须从无沉浸到无的纯粹的一、绝对的非神，与佛教中的"常寂光"指的是同一种东西，《大森林奥义书》曾把它表述为"超本质之无相"。

在对于神圣本原的阐释中，我们常常会看到悖论、怪诞之语甚至是"亵渎神明"的言辞。赫胥黎提醒我们，这是因为迄今"尚未有人发明出一种精神演算，使我们可以融贯地谈论神圣本原以及它所呈现的世界。因此，眼下我们必须容忍那些古怪的话语，为了描述某个层次的体验，他们不得不使用一个指向迥异层次事实的符号系统。于是，就完全恰切地表达长青哲学而言，存

---

① 〔英〕阿尔道斯·赫胥黎：《长青哲学》，第43、44、45、46页。

在着一个最终不可解的语义学问题。所有阅读长青哲学表述的人都必须始终牢记这一事实。只有这样，我们才能隐约理解所谈论的是什么"。将《神秘神学》(*Mystical Theology*)和《神的名号》(*Divine Names*)两本书译成了拉丁文的爱留根纳(Scotus Erigena，815—877)的认知是，神不是"什么"，而是"那个"。换句话说，可以称本原在"那里"，但不能用性质对其加以界定。这意味着，"**关于**本原的推论(discursive)知识并不像所有推理(inferential)知识那样，能够通过一步或若干步从关于实在的亲知(immediate acquaintance)中推出来；由于我们语言的本性和标准的思维模式，它是而且必定是悖谬逆理的知识"[1]。只有通过合一才能直接认识本原，只有通过消灭利己的自我(这是将"你"与"那个"分开的藩篱)才能达到合一。

旅美日本禅师铃木俊隆对佛性的认识与长青哲学的神圣本原主张互相呼应，或可借此增进我们对"'那个'是你"的理解。铃木俊隆这样讲道，佛性不是将在未来显现的事物，而是已然在此处，如果人拥有的只是佛性的概念，那不具有什么意义，"我们所见的一切事物、所听的一切事物，皆是佛性的显现。当我们说佛性，佛性是万事万物。佛性是我们天生的真实本性，它是普遍性的，通用于我们每一个人及一切众生"。在佛性论的基础上，他进一步谈到功夫论，首要是做功夫的方向，即修行的目的——"修行的目的，仅是成为你自己。当你成为真实的自己，你有真实的开悟"，而"如果你努力要把持住你先前所获得的，那不是

---

① 〔英〕阿尔道斯·赫胥黎：《长青哲学》，第50页。

真正的开悟";"我们坐禅不是为了求悟,而是要表现我们的真实本性。当你禅修时,即使是你的念头,也是本性的显现"。甚至于,"修行的好与坏都无妨",如果能基于这种理解来打坐,对自己的佛性深信不疑,迟早会发现"自己与祖师们同处一堂"①。用佛教术语来说,佛性、真心、大心总是与我们同在,不在修行之外,不在生活之外;用基督教术语则是,神是父母,是伴侣,是博爱仁慈,是无所不知,是永远与我们同在。

吕斯布鲁克著有《精神的婚恋》一书,其中的"所有人中的三重统一(triple unity)"阐释了人类生活的三个层次:最低一层属于五官、行为等身体功能领域,这些功能在与身体不可分的"心灵"(heart or soul)中达到统一;第二个层次包括记忆、智力和意志等更高的功能,它们在精神或灵性的心灵中达到统一;最高的层次的统一(吕斯布鲁克认为也是"最初的"[b36]统一)则"处于神或上帝之中"。对此,张祥龙先生是这样评述的:"人在最低层次上是感性的和动物性的;在中间层次上是理性的和精神意志的;在最高层次上是有灵性的或与神相通的。而且,我们'从根本上说来'是由最高的与神的统一'支持着的'(b56—58)。用哲学的话来讲就是,人从存在论上讲(ontologically,本体论地)是属灵的。"②张祥龙先生接下来的阐释可谓抓住了问题的本质:"首先,从根本上说来,人类存

---

① 〔日〕铃木俊隆:《禅者的初心》2,蔡雅琴译,海南出版社2015年版,第55、39、54、56页。

② 〔比〕J. V. 吕斯布鲁克:《精神的婚恋·附录》,第196页。

在者并非只能从低处（感性领域）向上攀登，最后迎接到神或与神相遇。相反，他们已经'挂在'了神之中。因此，这起头的统一恰是最高的统一。每个人都可能迎接到神的来临。在这一点上，所有的人都是共同的（common, ghemeyne）。人类就生存于这种与神的自然的相遇（natural meeting）之中。用更文学化的笔法来表达就是：人类生存于迎接神的生命潮汐之中。在这个意义上，我们已经处在神的恩惠里。"① 在较低的两个层次上，要通过感觉、形象、概念、意志的中介才能与神相遇，而在最高层，则是直接地、离言绝相地迎神。"他（吕斯布鲁克）同意明谷的伯尔纳的看法，主张除了道成肉身和最后审判，还有基督的第三种来临，即可能在任何时间、地点和信仰者心灵中的来临（a157—159）。同理，非基督徒和基督徒一样，可以凭借其自然本性而超出理智和意志的层次，达到安宁（rest）。"②

我们须承认，"对实相的所有描述，都是有限表达。然而，我们执着于这些叙述而认它们为实相，那是一个谬误，因为所叙述出来的，并不是真正的实相；而当你认为它是实相时，已经包含你个人的观念和想法，那是一个自我的概念"③。苏东坡曾写过一篇《日喻》，生动地说明了"道"的不可言喻性。

> 生而眇者不识日，问之有目者。或告之曰："日之状如铜盘。"扣盘而得其声，他日闻钟，以为日也。或告之曰："日

① 〔比〕J. V. 吕斯布鲁克：《精神的婚恋·附录》，第 196 页。
② 同上书，第 197 页。
③ 〔日〕铃木俊隆：《禅者的初心》2，第 60 页。

之光如烛。"扪烛而得其形,他日揣籥,以为日也。日之与钟、籥亦远矣,而眇者不知其异,以其未尝见而求之人也。

　　道之难见也甚于日,而人之未达也,无以异于眇。达者告之,虽有巧譬善导,亦无以过于盘与烛也。自盘而之钟,自烛而之籥,转而相之,岂有既乎?故世之言道者,或即其所见而名之,或莫之见而意之,皆求道之过也。①

　　既然道难以言喻,那人又如何体道合道呢?用长青哲学的话说就是,既然神圣本原不可思议,那人如何实现对神圣本原的合一认识呢?苏东坡接下来说:"苏子曰:'道可致而不可求。'何谓致?孙武曰:'善战者致人,不致于人。'子夏曰:'百工居肆,以成其事,君子学以致其道。'莫之求而自至,斯以为致也欤?"东坡所谓"莫之求而自致",建立在见地透彻的基础上,即真正认识到道不远人、"'那个'是你",亦即,"只有在你终于了悟没有彼岸时,你才真抵彼岸。换言之,我们旅行至'应许之地'或彼岸,而到达后却发现自己本来一直在那儿,从未离开过"②。而佛教教义分了义和不了义,即究竟说和方便说,对应行门,则有菩萨道和清净道,菩萨道需入泥入水,而"菩萨道适合勇者,适合深信自心本具强大如来性者","他相信自己有走完全程的潜能,信赖自己的佛性"③。正所谓,佛法大海,"信为能入,智为能度"。

---

① 林语堂:《苏东坡传》,张振玉译,湖南文艺出版社 2016 年版,第 149 页。
② 秋阳·创巴仁波切:《突破修道上的唯物》,第 245 页。
③ 同上书,第 219 页。

第二节　合一认识

面对同样的史实，史观不同，则结论不同；而面临同样的事物，视角不同，则认知不同。而史观有高有下，视角有小有大、有一时有永恒。从永恒的大视角来看，人的认知会相对客观，把是非成败看成人类庞大剧场反复上演的剧目，你方唱罢我登场。而"如果人们能经验成功者的喜悦就如同自己的一样，又怎么会失望于自己的失败呢"[1]？显然，这种永恒视角和凡俗视角所带来的认识是大异其趣的，正如两个四十六岁的人，"在编年上来说是同庚的，但是在心理上来说，一个可能还是孩子，而另一个已是成人"[2]。小孩子会因我们认为微不足道的小事而伤心，他完全认同于每一个偶发事件，不能以"一生是不同片段的整体"的超越性眼光来看它；小孩长成大人，需要经过长期的生活和经验积累，而与孩子相比我们或许是成熟的，但与圣人相比，我们却还是孩子。圣人和凡人的差别，在于认知层次的不同。长青哲学倡导者认为，分别是认识上的，不是实相上的；而长青哲学旨在认识实相。事物在本质上是统一的，只是在人的心智上被分离了。所谓"合一认识"，乃是区别于普通认识的，特指穿透表面现象的洞见、贯通全体的全见、把握本来的彻见以及突破自我中心的超然远见；这种"合一认识"，是与自身融合一处的亲证性认识，

---

① 〔美〕休斯顿·史密斯：《人的宗教》，第 24 页。

② 同上书，第 6 页。

即认知者、认知对象与认知本身完全融合在一起。

爱因斯坦认为，诸如摩西、耶稣和佛陀这样的人物，其对人类的恩泽，要"高于探索性和创造性的心灵所取得的一切成就"①。而在长青哲学看来，摩西、耶稣和佛陀的心灵成就，就在于他们合一认识了神圣本原。古往今来，这三位圣者身后的教派中，又各自涌现出许多卓越的合一认识者，我们可以大略归结出他们共同的特质：充满智慧，心灵充满力量，流溢祥和与喜乐；神采奕奕、容光焕发；自然而然地充满爱，对任何人都不例外；跟他们接触，会令人清明、平静、被激活或净化。他们昭示着更高的生命境地，教导说人人皆有可能如此，人人本来如此，人远比自己所能想象的丰富，生命不可思议。贵格会教徒威廉·佩恩（William Penn）写道："有比经文离我们更近的东西，即心中的道（the Word），所有经文都源出于它。"②罗伯特·巴克莱（Barclay）试图这样阐释对"'那个'是你"（*tat tvam asi*）的直接体验，他说："若非与神光合一，堕落的人不可能善。这种神光就是人灵魂中的基督，它和罪的种子一样普遍。无论是异教徒还是基督徒，所有人都被赋予了这种内在光明，即使他们对基督生活的外在历史一无所知。只有那些不抵制内在光明、内心神性从而得获新生的人才能称义。"③长青哲学倡导者选择相信灵性宗教实证者带回的信息，认为圣哲的一切言传身教，无论比喻、寓言或有意的顾左

---

① Albert Einstein: *The Human Side*, Princeton University Press(1954),p70.

② 〔英〕阿尔道斯·赫胥黎：《长青哲学》，第 24 页。

③ 同上。

右而言他，还是竖拂子、掀禅床、大喝一声，乃至棍棒相加，都为触及我们那潜藏于生命深处的珍贵领域，助推我们经验它、亲证它、合一认识它。而触及深层，就意味着冲破表层，冲破表层意味着某种突围和撕裂，故而有时，这助推显得无情，秋阳·创巴称之为"无情的慈悲"。"无情的慈悲突然爆发之力，将我们跟我们的安适及安全保障分开。假若我们永不遭到此种震撼，我们便无能成长。我们必须被震出那有规律的、重复的、舒适的生活方式。禅修的目的，不是只做个传统所谓明哲保身的老实人或好人，我们必须在心地上起变化，转向慈悲与般若，敞开自己而如实处世。"①

藏传佛教富于观想修行之法，而观修的意义，并非是在想象中为自身的安全寻得庇护，而是更深——"在认同某一本尊的观修中，你必须生起一种觉知，以使你能一下子从惑性回归本性"，有时候，"你需要突来的震撼，随时提醒你的东西或一种觉悟的特质。象征这种觉知的是现忿怒相的守护神。这种觉知是提醒你的突然一拉"②。这样来看，观修乃是促使合一认识发生的方便法门。埃克哈特在回顾自己的合一认识经验时，用到与"震出""一拉"颇为相似的一个词，这个词同样动态感十足——"一击"（a thrust），他这样说："当我由神产生进入多时，万物都在宣称，'神在这里'（人格的造物主）。这不能使我欢乐，因为据

---

① 秋阳·创巴仁波切：《突破修道上的唯物》，第 277 页。
② 同上书，第 302 页。

此我意识到自己是受造物。但在这种突破中，我比所有受造物更多。我既不是神也不是受造物。我是我所是，现在如此，过去如此，以后也永远如此。在那里，我获得的一击将我带到所有天使之上。这一击使我变得如此丰富，神对我来说是不够的，因为他只在其神圣作品中才是神。在这个突破中，我觉察到了神和我共同的东西。在那里，我是我所是；在那里，我不增不减；在那里，我如如不动而推动万物；在那里，人再次赢得了其永恒之所是；在那里，神被迎入了灵魂。"[①]

如上，我们阐明了合一认识的意义和圣者对合一经验的描述，那么，对普通人而言，如何才能真正经验这种合一认识，跃入神圣本原呢？

一、"充满爱，心灵纯洁，精神谦卑"

许多哲人曾问，人真正要什么？金钱？权位？自我实现？在逐层深入之后，我们发现，人真正要的是无限——无限的存在、无限的认知和无限的妙乐。所谓无限，便是对有限的突破，如果用佛教的语词来描述，这种突破便是"解脱"，这个无限便是"无量无边"。长青哲学家说，"除非借着对神的合一认识，否则人的渴欲绝不可能得到满足"[②]，真正追求生命品质的人，绝不会满足于仅在外部世界寻寻觅觅；不应只是目不暇接地搜集信息、增加知识、"为学日益"，更应时时反观自己，清理自己的心，探索自

① 〔英〕阿尔道斯·赫胥黎：《长青哲学》，第38页。
② 同上书，第57页。

己的灵性，致力于实现对神圣本原的合一认识，这才是正确的方向。诚然，日常生活经验里，我们难以置信水由氢和氧构成，然而，"如果对水作某种非常激烈的处理，其组成元素的性质便会显示出来。同样，任何日常经验都不会让我们相信，血肉之躯的人的心灵包含着某种东西，它类似于或等同于大千世界背后的实在。然而，如果对心灵也作某种非常激烈的处理，作为其组成部分的神圣要素便会显示出来，不仅显示给心灵本身，还会通过其在外在行为中的反映显示给其他心灵。只有通过物理实验，我们才能发现物质的内在本质与潜能。同样，只有通过心理学的和道德的实验，我们才能发现心灵的内在本质与潜能。普通人在日常环境下，心灵的这些潜能是潜在的、隐藏的。想要实现这些潜能，我们必须满足某些条件并遵守特定的规则，其有效性已经得到经验的证明"①。赫胥黎从千百年来往圣的教导、启示中总结出，要想获得对神圣本原的合一认识，须满足如下必要条件："充满爱，心灵纯洁，精神谦卑。"数千年的宗教历史已经一再证明，"只有那些让自己充满爱、心灵纯洁和精神谦卑者才能清晰地直接把握终极实在"②。他反复强调，对于"神圣实在"的探求，无论做多少理论研究，"也不如一个处于爱和谦卑状态下的超然物外的心灵所直接领会的多"③。

肯·威尔伯持有同样的认识，即"实相"就像一切见解和经

---

① 〔英〕阿尔道斯·赫胥黎：《长青哲学》，第3页。
② 同上书，第5页。
③ 同上书，第6页。

验，无法用文字描述出来，言不能尽意，然而，"通过设立一组规则、一种实验，并能够全然忠实地遵循的话，就可以体验实相。当我们说'大心境界'或者'意识'是'实相'时尤为如此：这并非一种描述，而是一种指令"①。实现对神圣本原的合一认识，这本身是远大于道德的，但缺乏道德基础则永远不可能实现。这种必备的德行条件是起点，实际上也可能是最高境界，因为普通人很难满足这一条件。正如长青哲学家所主张的，"人对分离自我的执迷和固守是通向合一认识的最难以克服的最终障碍。对他们而言，成为自我就是原罪，而自我在感受、意志和理智上的死去则是具足一切的最终的美德"②。若自然而然地"充满爱，心灵纯洁，精神谦卑"，则最接近无我状态，已然在某种意义上超越了自我的有限性，自我消泯，从而给神性留出空间。

埃克哈特说："神的种子在我们里面。有了聪明勤劳的农人，神的种子就会苗壮成长为神，它的果实也会相应拥有神性。梨的种子长成梨树，坚果种子长成坚果树，神的种子长成神。"③一个聪明勤劳的农人要做的工作，就是日复一日地耕耘心田，去除自我的杂草，渐渐使自己"充满爱，心灵纯洁，精神谦卑"，给神的种子的萌芽生长创造条件。基督教灵修手册《不知之云》（*The Cloud of Unknowing*）中写："自己的认知和感受仿佛被自我这个污秽的臭皮囊所占据和填满，若要按照登山宝训成为神的完

---

① 〔美〕肯·威尔伯：《意识光谱》，第15—16页。

② 〔英〕阿尔道斯·赫胥黎：《长青哲学》，第52页。

③ 同上书，第56页。

美信徒,就必须痛恨、鄙视和唾弃它。"① 对此,赫胥黎追问道:"在能'以纯洁的精神真正认识神'之前必须加以猛烈忏悔并完全死掉的这个自我或个人的'臭皮囊',其本质是什么?"在引述各宗教主张后,他尝试做出回答:"长青哲学的所有倡导者却都以某种形式断言,人是由身、心、灵组成的三位一体。自我或个人是前两种要素的产物,第三种要素(埃克哈特称之为'非创生和不可创生之物'〔quidquid increatum et increabile〕)则近乎甚至等同于作为万物本原的神圣灵性。人的最终目的、人存在的目的就是爱和认识这个内在超越的原神并与之合一。只有通过'死掉'自我,活在灵性里,才能把自己与这个灵性的非我等同起来。"②

长青哲学家发现,圣贤传记清楚地证明,圣人"爱他的仇敌",如果是佛教徒,他甚至意识不到敌人的存在,他会对一切众生,不论是人还是动物,都施以同样的慈悲和善意。"最终获得对神的合一认识者,出发点各不相同。有男人,有女人,有的天性活跃,有的天生静默。每个人都有独特的性情和体质,生活的物质、道德和知识环境也大相径庭"③,然而在满足"充满爱,心灵纯洁,精神谦卑"这一必要条件上,他们惊人地相似。为什么呢?"你希望自己多神圣,就会多神圣",吕斯布鲁克对前来拜访他的学生们说。他还可以加一句,"你想对实相了知多少,就能了知多少",因为认知依赖于认知者的模式,而认知者的模式

---

① 〔英〕阿尔道斯·赫胥黎:《长青哲学》,第53页。
② 同上书,第54页。
③ 同上书,第62页。

在某些重要方面又受制于认知者的意愿。"神的解脱知识会降临在心灵纯洁、精神谦卑者那里；这种纯洁和谦卑尽管极难达到，但人人皆有可能。"[1] 托马索·迪·佩特拉记录的锡耶纳的圣凯瑟琳遗嘱中说："一个人要想达到心灵纯洁，就必须完全戒除对邻人的任何评判和对自身行为的一切空谈。在万物中，人应当只是追寻神意"，"无论出于何种理由，人都不应评判他人的行为或动机。即便看到真实的罪过，我们也不应对它进行评判，而应怀着神圣、真诚的慈悲，用谦卑、虔诚的祈祷将它呈交给神"[2]。赫胥黎指出，全然戒除对他人的评判仅仅是达到内在纯洁的条件之一，其充分条件应为完全无我，这是真正的"苦行"，也是真正的修行。能够消除自我意志、自我利益以及以自我为中心的思考、希求和想象，这样的苦行才是真实的、最好的。只是一味极端严苛地对待身体，似乎达不到真正的苦行，而在日常生活中，安然接受发生在我们身上的事则可能达致这个结果。在这个意义上，耶稣说，有人打你的右脸，连左脸也转过来由他打。佛教则将这种旨在消泯自我的"逆来顺受"称为"忍辱"，作为菩萨六度之一的"忍辱度"，一定是与"般若"即空性的智慧观照结合在一起的，所以菩萨修"忍辱"行，其高境，乃是证得"无生法忍"，即"忍无可忍"。这里所谓的"忍无可忍"，并非通常理解的"忍不下去了"的意思，而是指亲身证得般若本如如、本无一法生，更无一事可忍可得可著，一如禅宗六祖慧能偈语："本来无一物，何处惹

---

① 〔英〕阿尔道斯·赫胥黎：《长青哲学》，第 186 页。

② 同上。

尘埃。"

　　人通常都会不自觉地试着改变外物，而非改变自己；都会倾向于将自身以外的事物归拢停当，而不是让自己变得恰到好处，事实上，如果自己不恰到好处，也就不可能将任何东西归拢停当。用埃克哈特的话说，神之国度这一宝藏"已被时间、多（multiplicity）和灵魂自己的事功所掩藏，或者简而言之就是被其受造物的本性所掩藏。但就灵魂可以与这种多分开而言，灵魂在自身之中显示了神之国。在这里，灵魂与神是一体"[①]。只有"我们的国离去"，才会有"你的国到来"，自我越多，神就越少，而自我越少，神就越多。"只有特意消除以自我为中心的思考、感受、希求和行动，有意丧失贪婪、自利的偏狭而分离的生命，才能获得神圣圆满的永恒生命。基督教、印度教、佛教以及世界上其他大多数宗教的经典著作，还有践行和阐述过长青哲学原则的所有那些以神为中心的圣人或灵性改革者，都坚定地教导苦行或有意死去自我。"[②]"死去自我"，用佛教的话说就是"消除我执""放下自我"。"'空去'一个茶杯里的水，并不是说喝掉它"，而是"'空去'先前具有的观念，即我们对存在的种种概念，大或小、圆或方的概念。大小方圆，并不属于现实实相，它们仅仅是观念。这就是'空去'杯水之意。即使我们见到水，亦无有'水'的概念"[③]。"如果我们能够'空去'事物，让它们如其本来之面貌，

<hr>

　① 〔英〕阿尔道斯·赫胥黎：《长青哲学》，第126页。
　② 同上。
　③ 〔日〕铃木俊隆：《禅者的初心》2，第62页。

事物将会运转自在"，当保有这样一种态度时，"即使没有任何宗教的概念，我们也怀有宗教"①。净化我们自身，观照事物的本然，乃是为了理解空的境界，并能渐次明白为何佛陀会留下如许庞大的法教。秋阳·创巴对"空"的阐释与铃木俊隆异曲同工，《心经》中说"色不异空"，但是空无什么呢？不是空无"色"本身，而是空无我们的偏见，空无我们的判断，"如果我们不评估落在河面的枫叶和纽约的垃圾堆，不把它们分为对立的两类，那么它们就如实在那儿，体现本来面目"，是什么就是什么，"如果我们在观色时，不把我们个人的看法加在色上，那么色即是空"②。而要真正认识实相，却并不止步于此，至此，"我们原以为偏见一除即得见一切'一味'。一幅美丽的图画于焉形成：我们所看到的，无论好坏，无不是好"，我们容易"认为概念一除，无非实相，这种结论很容易下；但这种看法很容易是一种逃避，另一种自我安慰的方式。我们必须实际上如实体会事物，体会垃圾堆的堆性、枫叶的叶性、事物的'如是性'（isness）。我们必须正确地体会它们，不是只给它们覆上空性的面纱。光是覆上面纱，一点用也没有。我们必须看出当下事物的'如是性'，完全如实看出事物未经加工的本性。如是观世间，即是正观。因此，我们首先要除去我们所有的严重偏见，然后再连'空'这种难解的字眼儿也都除去。让我们空无所着，完全跟实相打成一片"③。由是而观，

---

① 〔日〕铃木俊隆：《禅者的初心》2，第63页。
② 秋阳·创巴仁波切：《突破修道上的唯物》，第248页。
③ 同上书，第249页。

《红楼梦》中"空空道人"这一名号意味深长。修行旨在去除自我，若对修行生起执取心，便事与愿违，反而增重自我。人往往有很多期待，尤其是"当我们求道而陷入修道上的唯物时，我们预期道心会给我们带来安乐、智慧和救助。这种对道心的肤浅、自私的看法，必须彻底改正。最后，我们一放弃开悟的希望，道即开始敞开"①。因为在修道上，一切预设和期望都是建立在自我的基础上，虽看似美好而真实，实质也不过攀缘和妄想。"修道是耗尽一切期望，非有耐心不可。你不必过分强迫自己入道"②，秋阳·创巴的建议是，"等一等，停一下，不可太急于想了解'实相'。我们首先必须看清求道的动机"③，而这一点非常关键，因为动机决定方向，在根本上决定了修行上可能有的成就，用佛教的话语说就是"如是因，如是果""因地不真，果遭迂曲"。如果我们以敞开的、无期的、平常的心态来修行，不落善恶两边，那就无须野心与苦心，因地真，果地真。这种不落两边的心态乃是中道，真正"充满爱，心灵纯洁，精神谦卑"的状态，必是出乎自然。佛门有四弘誓愿，"众生无边誓愿度，烦恼无尽誓愿断。法门无量誓愿学，佛道无上誓愿成"，世人熟知，不可谓不广大恢宏。白云首端禅师却道亦有四弘誓愿，却是："饥来要吃饭，寒到即添衣。困时伸脚睡，热处爱风吹。"一种平怀，泯然自尽。

在很大程度上，"充满爱，心灵纯洁，精神谦卑"折射出了

---

① 　秋阳·创巴仁波切:《突破修道上的唯物》，第207页。

② 　同上。

③ 　同上。

合一经验或说神秘体验的某些基本特点。关于神秘体验的基本特点，不少研究者曾试图做出描述，譬如张祥龙先生推重的莫玛子教授认为，神秘体验有如下四个主要特点：一、受动性（passivity）。指神秘体验者的一切主动的（active）追求，比如祈祷、沉思、行瑜伽、坐禅、静坐，等等，都不能直接导致神秘体验，而必在某一无法预订的畸变点上发生转化，主动的追求形态让渡给"放弃自身"于本然的"受动"形态，并因而感到"神触"。因此，追寻这体验的人总需"等待"，而进入这种体验的人就总有得到"恩惠"之感。二、直接性（im-mediacy）。这是指非间接的、超出感官与观念思维的直接体认。用《庄子·养生主》中庖丁的话来讲就是："以神遇而不以目视，官知止而神欲行。"三、交融为一（unity）。这与前两点密切相关。在神秘体验中，不只是我在它（他）里，它在我里，而是：它就是我。四、（自我的完全）灭绝（annihilation）。绝没有一个还可以自以为是、沾沾自喜的神秘体验。这体验必像熔炉一样，烧尽一切现成的存在形态。[①]如上这些，一言以蔽之，即是臻于"无我"。

二、途径：知，爱，行，修

人们从不同的方位朝一个地方趋近，即便目的相同，也必然会走出不同的路，甚或有的地方本没有路，但"走的人多了，也就成了路"（鲁迅语）。禅门有语，"归元无二路，方便有多门"，

---

① 〔比〕J. V. 吕斯布鲁克：《精神的婚恋·附录》，第188页。

走哪一条路,要看行者的心灵状态与性情类型。走向神有多种途径,每一途径都需要采用特别的旅行方式,具体走哪一条路、借由哪一种工具,要看行者是哪一类人。对此,东西方圣哲留下相同的睿见。圣十字约翰提醒,灵性导师的职责"不是用自己的方式来指导人们,而是来确定神向他们显现的路径"(《活的火焰》语),佛陀讲求"契理契机""对机说法",孔子主张"因材施教",而在这一点上,印度教的理论贡献是最为系统的。印度教的特别之处,在于它"付出大量的关注,设法界定基本精神人格的类型,以及对各不同类型最可能行之有效的训练"[①]。赫胥黎借鉴了印度教的这一模式说,将合一认识神圣本原的路径分为如下四种:直觉之途、爱之途、工作之途、身心训练之途,我们姑且简称之为"知、爱、行、修"。

知:直觉之途

认知是人的天性。如果认知者自身发生了变化,那么认知的性质和范围也会发生相应变化。孩童变为成人,这种转变的结果之一便是"其认知方式以及认知对象的性质和范围发生了革命性变化。随着一个人的成长,其知识会渐趋概念化和体系化,现实和功利内容也会大大增加。但这些东西的获得却伴随着直接把握能力或直觉力的退化、迟钝和消失"[②]。敏锐的赫胥黎在二十岁时,就初步意识到这个问题,他在一封信中写道:"我极度渴望永

---

① 〔美〕休斯顿·史密斯:《人的宗教》,第29页。

② 〔英〕阿尔道斯·赫胥黎:《长青哲学》,第2页。

远年轻。我可以看出来的年纪大的唯一优点，是一个人的想法开始确定下来：一个人的思想变得有条不紊，而不是像年轻时那样是在不断变化中的一大团混沌的东西。"[1]赫胥黎认为这种变化并不可喜，却是人的生理智力发育的必然。并非只有认知者生理和智力上的变化会影响认知，德性也是一个影响因子，被称为"美国心理学之父"的威廉·詹姆斯如是说："修行（practice）可以改变我们的理论视野，这有两种方式：它可能导向新的世界，获得新的力量。我们仍然是我们，但我们通过道德方式获取更高的能力和生命之后，便可能得到先前望尘莫及的那些知识。"[2]《马太福音》中的这句话更广为人知："清心的人有福了，因为他们必得见神。"[3]所谓知之途，说的是经由直觉性认知契入神圣本原的途径，这条路适于天生爱思考者。这里的知识，不同于百科全书上的寻常信息积累，而更近于一种直觉式的认知，这种认知是向内的、层层深入的，经由穿透数不清的层次，辨识出何为表相、何为内在本质。

在长青哲学家看来，老子所谓"为学日益，为道日损"，说的正是通向神圣本原的认知之途，行者在途中精勤不懈，"损之又损，以至于无为"，至此，一切造作歇去，妄心不起，那个先天无为者——用佛教术语来说即是彼"不生不灭，不垢不净，不增不减"者便显露出来。在认知之途上，只是承认它，如实去看它。

---

① 〔英〕N.默里：《赫胥黎传》，第44页。
② 〔英〕阿尔道斯·赫胥黎：《长青哲学》，第2页。
③ 同上。

事实上，"自觉自知"乃是佛教的基础，我们必须"切实认清自己，如实体验自己，这将提供给我们灵感，让我们能做进一步的研究"[1]；"有些受大苦的人，因自知无法离苦，而真正开始了解苦，但大多数的人，都太忙着摆脱烦恼，太忙着寻求娱乐，以致没时间查看自己早就有了的东西"，"若要像释迦牟尼佛那样成为全觉之人，你必须虚心、明智、好问。你必须愿意探究每一事物，即使是丑恶、痛苦、讨厌的事物"[2]。真正的认知，起于人的直觉性敏感，想要获得这种认知，推理性的努力几乎是南辕北辙、徒劳无功的，在此，佛教的认知方法凸显出其优势来——"中观论最强调的地方在于它并不坚称'绝对实相'不存在；它只是指出没有任何一种想法可以适用于'实相'本身。中观论对于所有逻辑选择，对所有四种逻辑分类的否定，都同时否定了二元论推理在领会'实相'上的能力。推理产生幻觉，而非'实相'。实相因此是'没有'推理的"[3]。中观推翻二元论，其唯一目的，是让我们改掉排他且依赖于符号化地图的习惯，让我们得以采取非二元认知模式，借此触摸"实相"。

几乎所有灵性宗教的导师都极为重视直觉在认知上的意义。埃克哈特说："起来，高贵的灵魂！穿上你那直觉和爱的舞鞋，跳过对精神力量的崇拜，跳过头脑的理解，跃入神的心，跃

---

[1] 秋阳·创巴仁波切：《突破修道上的唯物》，第180页。

[2] 同上书，第211页。

[3] 〔美〕肯·威尔伯：《意识光谱》，第61页。

入他的隐藏之所,在那里藏身。"① 埃克哈特在经院哲学的意义上用"intellect"一词,指的是当下的直觉。阿奎那则阐明,"直觉(intellect)与理性不是两种能力的区分,而是完美与不完美的区分……直觉意味着直接洞悉真理,理性则意味着质询和论述"②。通过遵从既而放弃"言说妄想"的理性和情感之路,人得以踏上直觉的"证悟之途"。值得注意的是,禅宗祖师往往喜欢用某些夸张、滑稽或出其不意的言行来接引弟子。譬如,人问:"狗子有佛性也无?"赵州从谂禅师道:"无。"按照常人对佛教义理的了解,一切众生皆有佛性,狗作为众生之一,当然也有佛性,赵州却毫不含糊地答"无",不能不令人意外,而千载以下,这一声"无"也成为禅门最大的话头。对这种教学方式,赫胥黎的解释是,"有志于追求完满生活者需苦参一些完全非逻辑的话头,对整个以自我为中心和以世界为中心的推理过程作某种归谬,突然打破'理性'(用经院哲学的语言来说)进入直觉'理智',从而真正洞见万有的神圣本原。这种方法使我们感到古怪和匪夷所思,但一直很管用,能使许多人彻底悔改或者在意识和性格上发生转变"③。禅宗活泼,不拘一格,悟者说法并非为了给人类开玩笑,而是为了使常人成功地摆脱依附已久的言语与思维惯性,激活人的灵明直觉,为回归本来面目亦即合一认识神圣本原创造条件。一般而言,人们在日常的生活轨迹中总是忙着巩固自身的存

---

① 〔英〕阿尔道斯·赫胥黎:《长青哲学》,第171页。

② 同上。

③ 同上书,第165页。

在，很难留出空隙做一反思或回顾，因此也少有灵感，难以从其他方面和其他角度看问题。而若冀望心灵世界实现某种实质性的延展和超越，"你必须超越语言、文字和概念，直观自己内心的实相，步步深入。初见的那一瞥，不够；你必须看得仔细，不加判断，不用语言、文字和概念，对自己完全敞开，即是对整个世间敞开"①。

长青哲学认为，在实质上，我们和神圣本原是"一"，"哲学正是来源于这种对于统一性的有些模糊的直觉，这种统一性乃是所有多样性的根据和本原。不单单是哲学，自然科学也是如此。用梅耶松（Meyerson）的话说，所有科学都是将多样性归结为同一性。领悟到多中有一，多外也有一，我们发现任何通过单一原则对多样性所作的解释都有一种内在的合理性"②。当然，科学探寻的一，主要是"科学规律"，似不同于长青哲学讲的一。然而，开创性的科学家也诉诸直觉。而从《奥义书》到苏格拉底，从佛陀到圣伯尔纳，所有灵性生命大师都认为，"不自知就不足以知神，未得恒时静定就无法全然解脱。学会视事物为象征，视人为圣灵殿堂，视行动为圣礼，就学会了不断提醒自己我是谁，与宇宙及其本原是何关系，应如何对待同胞，怎样做才能实现其最终目的"③。诸宗教流派中，最善用直觉的当推禅宗，禅宗主张灵明觉知可遍一切时地，"善用其心，处处道场"，

---

① 秋阳·创巴仁波切：《突破修道上的唯物》，第 214 页。

② 〔英〕阿尔道斯·赫胥黎：《长青哲学》，第 13 页。

③ 同上书，第 349 页。

而"无修之修"的实质，便是无时不修、无事不修、无处不修。禅宗祖师劝勉学人"百尺竿头，更进一步"，长沙景岑道："百丈竿头不动人，虽然得入未为真。百丈竿头需进步，十方世界现全身"；赵州从谂策励弟子："有佛处不停留，无佛处急有过"；铃木俊隆说，"当下此刻做你自己，总是做你自己，而不是执着于一个陈旧的自我"①，即便百尺竿头的片刻停留，亦属执着于陈旧的自我，这一瞬之耽溺，对世界的认知已不是直觉式的。铃木俊隆举了自己生活中一则例子生动阐明此理："当早餐准备就绪，我的妻子会敲响木拍板。如果我不马上回答的话，她会持续地敲击着木板，直到我变得十分恼怒。问题非常简单——因为我没有回应她。若我说'嗨（日语"是"）'，就毫无问题了"，"有时她或许认为，'他明明听见了，就是不回答'。当我不回应的时候，我便是在竹竿顶端。我不肯跃下，我相信在竹竿顶端有一些重要的事务待办：'你不应该叫我，你应该等一下。'或者我想：'这太重要了！我在这里，在竹竿的顶端！你难道不知道吗？'于是她拍木板拍个不停，那是我们何以制造出问题的原因"②。这样的细节在我们的生活中屡见不鲜，禅宗认为这正是修行用力的好时机，"处处选佛场"。而科学与许多理智活动，都没有这种不分等级的时机化、日常化的工夫论。张祥龙先生曾指出，真正"直觉法"的要害，就在于超对象的层级但不超情境地直达要点；它不是"串联"式按部就班地到达，也不是"并联"式概念化地到达，

① 〔日〕铃木俊隆:《禅者的初心》2，第38页。
② 同上。

而是随机"境联""势联",所以总有当场的出人意外的得机和时中;直觉或直观的最大优势不是直观到对象,而是直观或直觉到"几",也就是意义的发生和还无形的趋势。延展开去,能自然而然做到《弟子规》中的"父母呼,应勿缓;父母命,行勿懒;父母教,须敬听;父母责,须顺承",亦是很高的修行境界。深处剖析后发现,这不仅仅是道德与伦理范畴中事,也关乎心灵本质的形上学,因这貌似庸常细碎之处,正可检验是否有细微的"分别心"在起作用。而即便我们有一丝分别,也会生出执着,障蔽灵明的直觉之知。

直觉有时发生在沉思之中,有时发生在言语之中、行为之中,如果拘执地认为只有沉思才是知之途,就错了。吕斯布鲁克在神秘体验传统中的独特地位,被认为"是他的思想所具有的一种平衡感。他甚至要以行动的和共同的生活来平衡沉思的生活",何谓平衡感呢?平衡意味着维持于至少两极或两个方面之间。就吕斯布鲁克而言,他的平衡感表现在,"相对于特定的沉思生活,他强调共同的、普通的(common, ghemeyne)生活的重要;相对于安宁,他要讲行动;相对于与神合一,他说到人性;相对于精神的沉醉,他讲开启的理性(b1003),等等"[1]。根据赫胥黎的看法,知之途乃是合一认识神圣本原最短的路径,但这条路并不容易走,它要求极佳的直觉力,要求理性和灵性的完美结合。商羯罗则指出,要想认识实在的本性,"只能凭借人清明的灵性觉知,

---

[1]　张祥龙:《从现象学到孔夫子》,第401页。

而不是通过博学多识。就像月亮是什么形状只能亲眼去看，通过别人怎么可能知晓？"[1] 长青哲学家强调，这种灵明觉知是真正意义上的冥想，有其深刻性、直接性和单纯性，越少外在干扰越好。出于这一层考虑，圣伯尔纳甚至反对修道院过于繁复的建筑、雕塑和仪式——"如此壮观精巧、炫目多彩，一入眼帘，人就被引诱在大理石中而非书中阅读，整日目不暇接地看这些雕刻，何以冥想神之法则？"[2] 只有在单纯而直接的无相静观中，灵魂才能走向对实相的合一认识，圣伯尔纳及其西多会修士等真正关心的，乃是"实现人的最终目的，让人分心的象征越少越好"[3]。中国禅宗三祖僧璨说："多言多虑，转不相应；绝言绝虑，无处不通。"（《信心铭》）绝言绝虑的状态下，灵明的直觉力才得以完全显发出来，从而与道相当、在处通渠。

爱：爱之途

一般而言，"生命的推动多出于情感而少发于理性；而充塞在人心中的许多情绪，其最强烈者是爱"[4]。爱潜藏在每个人心中，只不过给予的对象不同，呈现的方式和程度也不同，例如，父母对子女的爱有保护色彩，子女对父母的爱则有依赖成分，君主对臣民的爱不同于仆从对主人的爱，朋友之爱又别于男女恋爱。对于天性更能"爱"而非更能思维者而言，感觉比思想来得

---

[1] 〔英〕阿尔道斯·赫胥黎：《长青哲学》，第13页。
[2] 同上书，第340页。
[3] 同上。
[4] 〔美〕休斯顿·史密斯：《人的宗教》，第33页。

真实。"爱是一种认识方式,如果爱足够无私与强烈,认识就成了合一认识,从而具备万无一失的品质。如果没有无私的爱(或者更简单地说,没有圣爱),那么就只会有偏狭的自爱,从而只对自己和身外的万物、生命、心灵和精神有片面扭曲的认识。"① 这里,作为合一认识神圣本原之路径的爱,有着某种特殊意味:首先,爱的对象是神,只爱神,爱人和物是因为其与神有关系。其次,对神的爱是无条件的,不是出于某种理由而爱神,因而也完全不求回报。最后,过程中,可以善用世间种种凡俗之爱的模式来加强对神的爱,当然,这种种凡俗之爱在这里只是爱神的工具,正如爱神只是合一认识神圣本原的路径一样。如赫胥黎所说,有的人"天生倾向于将自发感受到的对人的情感表达出来,这种倾向经过训练和引导,可以使纯粹动物的群居性或纯粹人类的善良变成对人格神和普遍善意的慷慨奉献以及对一切有情众生的慈悲"②。

爱神意味着接纳一切,因为一切都是神的显现;这种爱全心全意,有着饱和的热度和纯度。在这里,"爱与一般理性的不同不在于它是反理性的,而在于其原发性(b996)。由于这原发本性,它能拥有对立的两元,并让它们相交相即"③。这爱是自然的、原发的,同时也是具有灵性的。"这爱有它自己的生命和生存方向。尽管心和灵魂感受到它,但这爱却不受心灵的控制。它乃

---

① 〔英〕阿尔道斯·赫胥黎:《长青哲学》,第106页。

② 同上书,第195页。

③ 〔比〕J. V. 吕斯布鲁克:《精神的婚恋》,第205页。

是灵魂与神之间的触发点和消融点。在这爱中，人感到'不可思议的丰富和卓越'（b932），总是迎接到、遭遇到新的东西。"①"在赫胥黎所有的具有深远意义的思想中，'只有慈悲能拯救我们'的思想最为言简意赅，这条古老的智慧总是畅通无阻。"②苏非派诗人鲁米曾用一则科学隐喻表达了同样的观念："神之奥秘的星盘是爱。"圣托马斯·阿奎那的教言是："在这世上，爱神比认识神更好，而认识低等事物比爱它们更好。如果认识它们，我们就能把它们提升到我们的智识水平，如果爱他们，我们则会俯下身对它们毕恭毕敬，就像守财奴对他的金子。"③托马斯认为，爱知（love-know）神远比仅仅通过阅读神学著作了解神要好。圣伯尔纳说，"我认为，促使不可见的神在肉身中变得可见并与人交流的主要原因在于：把只知凡俗之爱的世人引向对神之肉身的健康之爱，而后渐渐引向灵性之爱"④，需经历一个从凡俗之爱升为爱知合一的圣爱的过程，"圣伯尔纳总是把这种对基督的敏感之爱说成是对一种较低秩序的爱。之所以如此，恰恰是因为它的敏感特性，因为圣爱的本质是纯粹灵性的"⑤。张祥龙先生认为，硬性地区分"世俗之爱"和"神圣之爱"，就将爱的神秘体验的灵魂空壳化了，爱当然是一种情感，"没有情感的、意愿化的和觉知化了的爱就不成其为真爱了。'爱本身'也还是情感，而用意愿驱动、用

---

① 〔比〕J. V. 吕斯布鲁克：《精神的婚恋》，第188页。
② 〔英〕N. 默里：《赫胥黎传》，第358页。
③ 〔英〕阿尔道斯·赫胥黎：《长青哲学》，第107页。
④ 同上书，第74页。
⑤ 同上书，第74—75页。

觉知引领的对神之爱,其中无火焰,无酒味,不再是那'在理智止步之处,爱情还要前行'(吕斯布鲁克《精神的婚恋》)的自动自发之爱,'燃烧的爱'(同上),也就没有了神秘体验所需要的深层开启力。慈悲如无悲悯之情,也就只是理知,不可谓真慈悲"①。

爱对于基督教神秘主义者至关重要,这是因为"在人类的各种经验中,爱是最动态的,境遇发生的、需要不断更新的,并且同时是最忠诚、最能自身维持和富于成果的"②。"爱者追寻着其爱而不执着于所追寻的目标",此时只有神自身的运作,爱者与神直接相遇,或者说爱者本身具足了神性,"在与神的直接相遇中,这爱者自动地具有各种美德,因为'爱本身'是'所有德行的源头和根基'(b1359)。例如,一位真正的爱者服从爱的逻各斯的要求,就必是谦卑的。爱无法在傲慢中生存,因这傲慢会阻碍真正的相遇。爱者总感到其本身的局限或与其被爱者的差距。这不是被动的、相对的局限,而是在那里有源泉涌出的深渊。它使得这爱者能够在生存的含义上从自我的封闭中'出来'。因此,他或她越是谦卑,这爱的火焰就燃烧得越是旺盛和明亮。重要的是,这爱者并不需要说服自己、束缚自己而做到谦卑;爱本身就使得他或她谦卑。出于同样的道理,这爱者从根本上就是能忍耐的、柔顺的、善良的、富于同情心的、慷慨的、纯洁的、公正的,等等(a427—712)"③。而过程之中,爱的体验并不

---

① 〔英〕阿尔道斯·赫胥黎:《长青哲学》,第 ix 页。
② 〔比〕J. V. 吕斯布鲁克:《精神的婚恋》,第 209 页。
③ 同上书,第 203 页。

总是甜蜜、出神和狂喜的，而是"注定要'失败'、'凄凉'和'被神抛弃'。在这种可悲的状态中，如果对神的爱依然不泯，它就必取得一新的形式"①，亦即"无法执着于在个人沉思中建立起的与神的特殊关系，而是要以劳作和善心将自己开放给世间的所有人"②，这样来实现一个转向，化掉爱的特定样式，而使爱遍于一切样式，爱本身一直保持其动态性和遍在性。然而，爱本身既需要行动，也需要安宁，若流于有对象的特定行为，则又落入一种僵化的圈套，正如吕斯布鲁克所说的，"无爱之人，无安止；无安止之人，无爱"（b1712—1713），"爱越是崇高，就越能安止；越能安止，就爱得越内在"（b1711—b1712）。如上，如是，"精神在这里通过爱的能力而上升，超出行为，进入到此触动的活水脉从中涌出的统一里"（b1285—b1287）③。我们再度发现，吕斯布鲁克的思想方式不是直线的、僵硬的、等级制式的，而"总会旋转回来并且'总要求一种回流'（b986—987）。对于他来讲，'这流出和回流引得爱泉流溢不已'（b1351—b1352）"④。这也就是吕斯布鲁克几度申明的："每个爱者都是与神合一并在安止中，又是与神相像而在爱的行动中。"（b1718—1723）⑤ 在此，须补充一句，在张祥龙先生的认知里，每个以全部身心爱孩子的母亲和父亲，每个深爱父母的孩子，都是"与神合一并在安止中"；圣父、

---

① 〔比〕J. V. 吕斯布鲁克：《精神的婚恋》，第 205 页。

② 同上书，第 206 页。

③ 同上书，第 207 页。

④ 同上书，第 208 页。

⑤ 同上。

圣母和圣子，本就在我们的心中，在充满原发亲爱的心中。

在合一认识神圣本原的不同路径中，爱之途的特殊精神意向在于，"既追求终极的信仰，又不甘于只做一个观念、道德、意志和教派意义上的信仰者，而要在最动人的爱情中直接与神相交流相沟通，活生生地品尝到信仰神本身的至味"①。换言之，这条路上的探索者追求的，"不是信仰的力量、靠山、稳妥和平安，而是信仰本身充满汹涌爱潮的精神境界"②。张祥龙先生认为它是"基督教这棵古树上开出过的最绚丽纯真、最香气袭人的精神花朵"，它是"在那禁欲的悠长岁月里，在虔诚的孤灯暗影下，在回荡着祈祷和吟唱的教堂中，多少代人用全部生命和爱情浇灌出的精神之花，酿出的令人'长醉不醒'的神秘体验之'酒'"③。

与基督教不同，在佛教，这种爱意不表现为爱情性质，而更似一种无私的母爱，用佛教的名言来说便是"慈悲"。"佛心与'一种大慈悲心'相联，这种慈悲心想让每一个有情众生得解脱，并使所有致力于实现人之终极目的者蒙恩。"④慈悲不仅是路径，而且也是彻悟之后的表现，佛教以有无慈悲心来检验修证究竟与否，其他伟大的灵性传统也不约而同这么做。"或许，我们能成就某种相对之定，修证到一种'神秘境界'。在这种情况下，我们可能看来十分安详，有着传统所说的道貌。但我们会经常需要充

---

① 〔比〕J. V. 吕斯布鲁克：《精神的婚恋》，第212页。

② 同上。

③ 同上。

④ 〔英〕阿尔道斯·赫胥黎：《长青哲学》，第18页。

电来维持我们的'神秘境界',而且还会不断自我欣赏,一再检查和耽迷于自我的成就",事实上,此中并无悲心或敞开,因为太专注自身的经验了。真正的敞开必然有对他者的关怀,视人如己,物我同体,"悲心广大豁达,真发悲心的人,不知他是对别人慷慨,还是对自己慷慨,因为悲心是随缘布施,没有方向,没有'为己'、'为他'之念。悲心充满喜悦,那是自然生起的喜悦、信心常在的喜悦、极感富足的喜悦"[①]。大悲心被形容为"温柔高尚之心",它是温柔、敞开的沟通之道。

能爱、敢爱,本就是一种富足的心态,因内在充满而自然流溢,以温柔宽广的心对自己、对世间,将自身与他者连接,于这种本原的连接中温存共在。在爱中,人不仅不浪费精神,而且还被充实和补养,因为正是在爱意的流淌中,人确知了自己本来富足。本来富足,这是见地与态度,也是境界与功夫。"悲心这把进入敞开之道或进入大乘的钥匙,使得超凡的菩萨行成为可能。菩萨道起自布施与敞开这个放下的过程。敞开不是把什么东西给别人,而是放下自己的需求和需求的基准——这就是布施波罗蜜"[②],根本而言,真正的爱也不是把什么东西给别人,而是放下了自己的索取之心和衡量他者的标准;在这个意义上,爱就是布施,就是无我。在这种境地,爱者与爱合一,人的自我消解,融入永恒,人成为纯粹的爱,成为无限的和永恒的。秋阳·创巴把悲心比作一座桥,在被问及这座桥是否需要经常保养时,这位密

---

① 秋阳·创巴仁波切:《突破修道上的唯物》,第132页。
② 同上书,第133页。

宗上师答道："我不认为如此。它需要的是承认，不是保养。此即富足的心态；你承认有桥在那儿。"[1]

如何真正来爱呢？力求和蔼可亲？追求浪漫欢愉？……或许这也是爱的一部分，但至多是表层。因为爱不仅跟世间之美结交，同时"也跟丑恶、痛苦、嗔恚来往；爱不是天堂重现。爱心或悲心，或敞开之道，是离不开实相的"[2]，要发起真正的爱心，我们须如实地接受人生的全局，接受光明，也接受黑暗，接受其善，也接受其不善，对人生敞开自己。这种真正无我、敞开、全然的爱，带来真正的和平，"'世界和平'的终极意涵，是尽除和平与战争的观念，对世间的正面与负面都是同样完全地敞开自己。这就像是从高空俯瞰世间：有明、有暗，二者皆收眼底；你不会想要护明抗暗"[3]。长青哲学认为，真正的爱必然伴随着认知的提升，这也是爱能作为合一认识神圣本原的一个路径的原因，"最高形式的爱神是一种直接的灵性直觉，它使'能知、所知与知合一'"[4]。这种最高形式的爱无疑是更值得追求的，这里的"神"，用庄子的话说是"卓于天""真于君"的：

> 彼特以天为父，而身犹爱之，而况其卓乎！人特以有君为愈乎己，而身犹死之，而况其真乎！泉涸，鱼相与处于陆，

① 秋阳·创巴仁波切：《突破修道上的唯物》，第 144 页。
② 同上书，第 135 页。
③ 同上书，第 136 页。
④ 〔英〕阿尔道斯·赫胥黎：《长青哲学》，第 113 页。

相呴以湿，相濡以沫，不如相忘于江湖。

（《庄子·大宗师》）

赫胥黎认为，情感之爱的"沫"虽与神的灵性生命之"江湖"不无相似，但显然"质上低劣，量上不足"[1]，人可以通过"相濡以沫"来减轻对境遇的恐惧，但"终无幸福与安全，无法永恒解脱，除非他们不再认为'沫'已足够，并通过完全顺从于实际上属于自己之物来唤回永恒之水"，若错误地"认为个人的'沫'是最高的灵性之水，宁可在干涸的陆地上痛苦煎熬、垂死挣扎，也不要故乡海洋里的爱、欢乐与和平"[2]，便真是太不智了。

行：工作之途

这条道路适用于行动趋势强的人。"生命在于运动"，这句话的"运动"，其原初意义不仅指基于商业目的或体育意义上的健身，还包括呼吸、心跳、消化、内分泌等机体运作，以及行为、行动、职责、工作等广泛含义。当然，作为合一认识神圣本原的路径之一，"行"乃是行动、工作之意。百丈怀海禅师的"一日不作，一日不食"也被归入这一"行"门。当然，要点是在行之中清明、忘我而无执，不是在行之中加固和增强自我，而是削弱和消泯自我。完美的行动者会尽职尽责做每一件在自己眼前展开的事，并且在做的时候，每件事都犹如生平第一要事，他全神贯注地对待这件事，平静而竭尽全力，完成之后却似全然忘记，以同

---

① 〔英〕阿尔道斯·赫胥黎：《长青哲学》，第119页。

② 同上。

样的态度去应对下一件事。他们不计后果，"只问耕耘，不计收获"，即便损失、败北乃至伤亡，也处之泰然并从中学习。

行也包括奉献他人、服务社会，后者高于个人的享乐和成功，对于超越自我中心帮助甚大。"它对成熟的人，其力量是巨大的。无数的人从一心去取变成一心去予，一心要赢变成一心要服务，不是要求胜利而是要尽己之力。负责任地去做手上任何工作，变成了他们首要的目标。"① 当然，奉献无疑也有相当大的报酬，不过"它的报酬需要成熟的人才能欣赏"，"忠实地完成职责从同辈那里带来尊重和感激，更重要的是，做了自己分内的事令人有了自尊"②。而若想完全敞开自己，"那就须有某种真正的布施或奉献。这种布施不拘形式，但若要使我们的布施真有意义，我们就必须不望回报"③，而这是真正的难行之道。

休斯顿·史密斯在考察"人们真正要什么"这个问题时，引用了赫胥黎的话，"'到了某个时候，'阿尔道斯·赫胥黎写道，'人们甚至于会问莎士比亚，会问贝多芬，难道就是如此而已吗？'"④ 止于生命的奉献，在灵性之路上显然仍是不够的，"只要人们满足于享乐、成功或服务所带来的一切，印度教圣者除了提供一些如何能更有效地去执行的意见以外，是多半不会去打扰他们的。当这一切丧失原有的魅力，而一个人发现自己还在盼望生命提供更多东西时，人生的转折点出现了。生命究竟是否拥有

---

① 〔美〕休斯顿·史密斯:《人的宗教》，第 20 页。
② 同上。
③ 秋阳·创巴仁波切:《突破修道上的唯物》，第 108 页。
④ 〔美〕休斯顿·史密斯:《人的宗教》，第 20 页。

更多的东西,大概是比任何别的问题更尖锐地区分了人们"[1]。生命还有并一直充满更大的可能性,服务和奉献不是人类的最终目的,却可以作为带领我们走向那更深更大的可能性,用长青哲学的话来说,服务与奉献亦是"合一认识神圣本原"的途径。

"你终其一生深信自己全然献身于人,不曾为己。内心上自证已经脱离自恋,总是慷慨奉献于邻人——没有什么比这更能滋养人的自负。所有这些奉献,看似为人,实则为己。你的自恋臻于恒久的沾沾自喜,以致不再自爱;你敏感之极,唯恐不能全然满足自我;这是你所有顾忌的根源。是'我'让你如此精明和敏感。你想要神和人永远满足你,你想在与神的所有来往中满足自己。"[2]出自康布雷大主教费内隆之手的这封信,可以说在某种意义上振聋发聩,在合一认识神圣本原之途上,沾沾自喜的工作和奉献,恰恰会增重当事人隐微的自我,很可能令其与终极目的天人永隔。在这个问题上,老子的态度也许表达了最佳的奉献状态:"生而不有,为而不恃,长而不宰","功成身退"。

修:身心修炼之途

所谓修习,本质上乃是一场身心试验,这条路为那些经验主义者而设。对于身体的训练,东方和西方有共同的兴趣,但走的是不同的方向,西方追求力量和美,东方则是顺自然、觉知以及在这基础上的精确控制,这意味着东方的身体训练是统一于另一目标,即心的训练上的。日本的山冈铁太郎(1836—1888)世称

---

① 〔美〕休斯顿·史密斯:《人的宗教》,第20—21页。
② 〔英〕阿尔道斯·赫胥黎:《长青哲学》,第327页。

"山冈铁舟"，以剑禅双修闻名天下，其习剑术，终生遵循其父训诫："欲达于剑，必先炼心，炼心无如参禅。"

禅宗有"大疑大悟，小疑小悟，不疑不悟"之说，即是鼓励行者通过自身实实在在的经验来亲证本然。修习类似于试验，只不过，科学实验的对象是自然物质，而修习这场身心试验的对象是人自身。赫胥黎拿科学实验与身心试验作比："任何日常生活经验都不会让我们相信水是由氢和氧构成的。然而，如果对水作某种非常激烈的处理，其组成元素的性质便会显示出来。同样，任何日常经验都不会让我们相信，血肉之躯的人的心灵包含着某种东西，它类似于或等同于大千世界背后的实在。然而，如果对心灵也作某种非常激烈的处理，作为其组成部分的神圣要素便会显示出来，不仅显示给心灵本身，还会通过其在外在行为中的反映显示给其他心灵。只有通过物理实验，我们才能发现物质的内在本质与潜能。同样，只有通过心理学的和道德的实验，我们才能发现心灵的内在本质与潜能。"[1]试验总是有假设的，身心试验的假设前提就是宗教圣哲所留下的言教；试验结果要么证实这些言教，要么将其推翻。而必由之途就是开始这场试验，即切实进行身心的训练。不得不指出，许多时候，这种试验既严格又精微，譬如禅宗的坐禅。

开元中有沙门道一（马祖道一），在衡岳山常习坐禅。

---

[1] 〔英〕阿尔道斯·赫胥黎：《长青哲学》，第3页。

师（南岳怀让）知是法器，往问曰："大德坐禅图甚么？"曰："图作佛。"师乃取一砖，于彼庵前石上磨。一曰："磨作甚么？"师曰："磨作镜。"一曰："磨砖岂得成镜耶？"师曰："磨砖既不成镜，坐禅岂得作佛？"一曰："如何即是？"师曰："如牛驾车。车若不行，打车即是？打牛即是？"一无对。师又曰："汝学坐禅，为学坐佛？若学坐禅，禅非坐卧。若学坐佛，佛非定相。于无住法，不应取舍。汝若坐佛，即是杀佛。若执坐相，非达其理。"一闻是诲，如饮醍醐。[1]

在禅宗的见地上，并非只有盘腿打坐才是坐禅，不管做什么，都可以是坐禅。禅并非行住坐卧四威仪之一，而是独立其外又贯穿其中。曹洞宗教导"只管打坐。"铃木俊隆开示弟子："当你坐禅，你的烦恼也会跟着坐禅，万物也会跟着坐禅。"[2]秋阳·创巴说："你不必强迫自己修禅，只要顺乎自然即可。如是去修，你自会有空间和通风的感觉，有这种感觉就表示佛性或根本智正在破惑而出。"[3]顺乎自然的节奏，也许是最明智的修习法。一切皆有节奏，呼吸有节奏，动作有节奏，沉默有节奏，交谈亦有节奏。谈话中的每次停顿，都如行文中的标点，如是，交谈的过程也可以是坐禅的过程，它是美的，美的交谈不一定是正式和严肃的，

---

① ［宋］普济著，苏渊雷点校：《五灯会元》上册卷第三，中华书局1984年版，第127页。

② 〔日〕铃木俊隆：《禅者的初心》，梁永安译，海南出版社2012年版，第119页。

③ 秋阳·创巴仁波切：《突破修道上的唯物》，第204页。

不慌不忙就是美，不粗声疾言就是美，顺乎自然的节奏，谈吐单纯而全然；而在听者一方也是一样，听人说话时，应该把所有的成见与主观意见放在一边，只是聆听对方说话和观照其说话的方式，不做太多善恶对错的价值判断。我们应只是聆听和接纳，这才是我们与人沟通的正确方式。真正自然的交谈是用心的，真正用心的交谈是自然的，这是谈话中的坐禅。

长青哲学一方面强调，真正的修习根源于心，不限时地；另一方面也提醒我们坚毅与规律性的重要，一旦开始修习，就应坚持不懈。"如果不想后退，就必须前冲"①（佩拉纠［Pelagius］语），"如果你说，'够了，我已臻完美'，那便一切尽失；因为完美功在让人自知不完美"（圣奥古斯丁语）。赫胥黎补充道，"佛教也有类似的说法。如果阿罗汉自认为是阿罗汉，那就证明他不是"②。道元禅师说："不要以为你一定可以意识到自己的开悟。"对此，铃木俊隆阐释道："不管你能否意识得到，在修行中，你都已经得到了真正的开悟。"③

另一方面，修习中太过努力和紧张，也是不妥的。如果我们太过努力，修行之道就成了痛苦、迷惑的轮回之道，因为"我们太急于想要自救。我们太急于求知，太忙于照顾那希求修道有成的奢望，而不在入道之前让自己自由自在，仔细看看整个过程。我们必须先有适当、充分的准备，不可匆忙入道。等一等，等一

---

① 〔英〕阿尔道斯·赫胥黎：《长青哲学》，第374页。

② 同上。

③ 〔日〕铃木俊隆：《禅者的初心》，第100页。

等、看一看整个'求道'过程,留些空隙"①。从容、自然是可取的,是因为有一个万无一失的前提,即那个神圣本原人人本具——"重点是,我们具有那能照破迷惑的根本智","此智不像种子那样需要培养,而像是从云缝儿射出光来的太阳。一留出空隙,我们便会自动地对如何修道一事有了自然的直悟,这是佛曾有过的经验。佛在跟多位印度大师学了多种瑜伽修法之后,觉悟自己不可能靠修这些法成等正觉。因此,佛不再修下去,而决心在自己身上下功夫,这是脱颖而出的本能。承认自己有此本能,是绝对必要的"②,我们在根本上一无所缺、本自具足。"修法在开始时不能没有,但到了某一阶段便须渐退。从究竟的观点来看,整个学习和修法的过程都是多余的。我们可以一眼看出无我。但我们不能接受这么简单的事实。换言之,我们必须学习去掉所学。整个过程就是除'我'的过程。"③

赵州从谂上堂诲众:"金佛不度炉,木佛不度火,泥佛不度水,真佛内里坐。"④若执着于某一形象或方式,修行就是有限的而非究竟的。"如果你在驾车途中发现车子有毛病,最好马上停车并检查车况",如果认为只不过是点小状况,还可以继续行驶,直到它完全抛锚,那"修理它已经太晚了,而且需要更多的心神和精力",所以,在行动中应该时时观心,保持觉知,"应该更小

---

① 秋阳·创巴仁波切:《突破修道上的唯物》,第207页。
② 同上书,第208页。
③ 同上书,第261页。
④ [宋]普济著,苏渊雷点校:《五灯会元》上册卷第四,中华书局1984年版,第200页。

心，更留神，更深思熟虑"①。真正的修行，无有间断，永不停歇。
而确切来说，真正的彻悟却并非修出来的，而是经由长久努力的
修习终至筋疲力竭而发现毫无希望，在绝望的一刹那全然放下身
心，于是顿悟突然发生；然而持续不断甚至艰苦卓绝的修习是必
须的，不经历一番试验，人终究难以全然体认"大道至简"的实在，
而在某些情况下，人们也"可能偶有瞬间的开悟经验，但他们若
不修行，他们的习惯想法还会恢复，他们的心中还会再度拥挤杂
乱"②。因此，非修行不可。因为，不经修行的劳顿，不会真正绝
望和休歇。因此，似乎应该得出这样的结论：并非修行直接带来
开悟，而是修行最终导致绝望，绝望中方有彻悟的可能性。

　　长青哲学家注意到，在许多求道故事里，弟子长途跋涉，历
尽千辛万苦，而师父却一直冷酷无情、熟视无睹，直到弟子热情
开始冷却，希望开始破灭。秋阳·创巴认为，重点就在于此，因
为，有所追求，本就是一种烦恼，"当此冲动开始衰退时，我们的
本来面目即开始出现，同时也开始有了心与心的沟通"③。这也是
为何，禅宗祖师围追堵截、生杀予夺，一向有"驱耕夫之牛，夺饥
人之食"的"歹人"作风。芭蕉和尚示众云："尔有拄杖子，我与
尔拄杖子；尔无拄杖子，我夺尔拄杖子。"禅宗的接引风格是出
其不意的，彻彻底底，干干净净，又圆转自如，富饶丰足。就这
则公案，虚云老和尚在禅堂开示说：你妄想多了，就是有拄杖子；

---

① 〔日〕铃木俊隆：《禅者的初心》2，第44—45页。
② 同上。
③ 秋阳·创巴仁波切：《突破修道上的唯物》，第67页。

为了除你的妄想，就教你修数息观、不净观、念佛观、念佛、看经、礼佛、看话头，给你修行的法门，就是与你拄杖子。你如用功到有把握，又易落在无事甲里，又成障碍，是要不得的，这就是你无拄杖子。我夺你拄杖子，病好则药除，登岸则舍舟，就是夺拄杖子，不如是则执药成病，负舟成劳。禅门有语，"莫守寒岩异草青，坐却白云宗不妙"，"荆棘丛中下脚易，明月帘下转身难"，故而宗师手眼，"有时夺人不夺境，有时夺境不夺人，有时人境俱夺，有时人境俱不夺"，临济一喝，"有时如金刚王宝剑，有时如踞地金毛狮子，有时如探竿影草，有时一喝不作一喝用"（《临济录》）。一棒、一喝、一夺、一逼拶，无论采取哪一种方式，都是为了促使参禅者原心返性、回头猛醒，以便在"山穷水尽"之处，顿见"柳暗花明"。基督教亦有语，"有的还要给，没有的还要夺"（《马太福音》），具体的语境或有差异，但表达上的相似耐人寻思。一位真正对我们灵性有帮助的师父，从某个方面看也许是"可怕的"，正如一句古老的藏族格言所说："上师如火，近之则被烧伤，远之则不够热。"正如我们在"知：直觉之途"部分所阐述的，许多时候，师父不是灌输教理，而是制造境遇，让弟子得到诱发或鼓励，从而亲身去经验空性。

综上，知、爱、行、修可谓合一认识神圣本原的四条不同路径，而四条路径的圭旨，都在于超越有限的自我。知之途善用直觉力，通过不断认识自己，最终使自身等同于那个超越又内在的神圣本原；爱之途发挥强大的爱之天性，将情感的热流投注于人格神，借由此烧掉小我；行之途借由无执的行动，把自己交给神；身心训练之途则善用一再被证明行之有效的法门来调伏自家身心。这四条路径之所以有效，在于选择其中任一条走进去、走下去，最终都能突破小我的局限。而在自我消泯、界限消除时，就给神圣本原留出了空间。作为个体之人，有责任自行观察和思考，找到适于自己的超越之路并做出创造性的尝试。而无论选择四条路中的哪一条，都需"**坚持小事**"、绵绵密密，同时"**制心一处**"、专注深入。

所有灵性生活的导师都强调坚持小事的重要性。用日内瓦主教圣弗朗索瓦（St. François de Sales，1567—1628）的话说："神要我们忠实地完成交由我们的最琐碎的事，而不是对他未作要求的事充满最炽热的渴望。"[①]法国耶稣会神父科萨德的让·皮埃尔（J. P. de Caussade，1675—1751）则断言："若把爱埋藏在心底并履行日常义务，世人都能轻松达成最卓越的完美。"[②]禅宗更是提醒学人时时处处"照顾脚下""做本分事"，唯此，方成"绵密清明"之功。赫胥黎发现，各个文明传统里的圣贤都知晓，人生每一刻其实都是至关重要的时刻，因为每一刻都需要我们做出至关重要的决断，"要么走向死和灵性黑暗，要么走向生和光明；要么选择暂时的利益，要么选择永恒的秩序；要么听从我们的个人意志或由个性投射出去的意志，要么听从神的

---

① 〔英〕阿尔道斯·赫胥黎：《长青哲学》，第60页。
② 同上。

意志"①。而只有坚持小事，人才能持续意识到包括自己在内的万物的神圣本原，并"始终带着爱和理解来面对一切，哪怕是日常生活中最琐碎的小事"。而对于爱神者而言，因为每一刻都是关键时刻，所以"灵修要比军事训练艰难和彻底得多。世上优秀的士兵很多，圣贤却罕有"②。禅宗强调，"往古来今，始终不离当念；十方刹土，自他不隔毫端"，"目前当处，舍此无它"，事事皆是选佛场，不因小大有殊差。热那亚的圣凯瑟琳规诫人们："除了一刻接一刻发生的事，我们什么都不宜希求，但我们始终都要行善。"③

　　认知取决于认知者的模式，对神的领会亦是如此。长青哲学家发现，"只有制心一处者才真正有能力崇拜神"④，"如果认知者是多心灵（poly-psychic）的，他通过直接经验所认识的宇宙就是多神论的"⑤。而多神论与普遍的神圣本原并非处于同一层次；赫胥黎发现，即便对于终极的神圣实在，佛陀也不置一词，佛陀愿意谈的只有涅槃："它指的是完全无私、制心一处的经验。对于这种经验，其他人则称之为与梵合一，与真理（Al-Haqq）合一，与内在超越的原神合一。在这一点上，佛陀保持严格的操作主义态度，只谈灵性经验，不谈假定的形而上学实体。其他宗教的神学家，以及后来的佛教徒，都认为这种形而上学实体既是这种经

①　〔英〕阿尔道斯·赫胥黎：《长青哲学》，第61页。
②　同上。
③　同上书，第136页。
④　同上书，第63页。
⑤　同上。

验的对象，又是其主体和实质（因为在冥思中，能知、所知和知是合一的）。"①赫胥黎发现，古往今来各宗教的圣贤们具备一个共同特质，无论其天分多高，从事何种职业，都始终如一地专注于同一个主题，那就是灵性实在以及人类如何达致对这个实在的合一认识。他们在行动上和思想上一样持之以恒，在所有情形下都无私而耐心，身上流溢着源源无尽的仁爱。正因为制心一处，圣人才得以彻底消除自我，而"正是因为他已经消除了自我，神圣实在才能把他用作恩典和力量的通道。'我活着，但不是我在活，而是基督——永恒的道——活在我里面'"②。赫胥黎援引坎菲尔德的话说，获得对神的合一认识的灵魂，"自己几乎一无所有，一切都在神中"③。

需要注意的是，对臻于无我之境的精神超脱，是不能外在地加以估算的，它无有公开的指标。某人退隐寺庙，并非就是其克服自我和欲望的证明，因为自我和欲望可能在其内心想象中继续大量存在。而相反，一位行政主管可能沉重地牵连在世俗责任中，不过他或她能超然地承担和从事这些——有如泥鳅生活在泥塘，而不让泥土粘身一般——这样，世界就变成了一个上升的阶梯。在知、爱、行、修四条路径中，最佳的心态是，不寻求任何事物，因为若是寻找什么，就已经陷入了一种自我观念，"然后我

---

① 〔英〕阿尔道斯·赫胥黎：《长青哲学》，第 63 页。
② 同上书，第 67 页。
③ 同上。

们试着去达到什么,更进一步推动了自我的观念"①,真正的合一之途旨在去除自我中心、破除我执、净化自己。诚然,想要真正破除我执,是非常不易的,因为人是害怕空虚、害怕孤寂的,害怕没有同伴、没有形影相依者。"与人无缘、与事无关、跟什么都攀扯不上,这些感受是很可怕的;即使只是想想,不是实际经验,也会令人感到极端恐怖。一般来说,我们怕的是空,怕无坚实可靠之处落脚,怕失去那被视若坚实确定之物的身份"②,而这种恐惧,会对我们构成极大的阻碍。既然想要认识神圣本原,我们必须摘掉面具、脱下甲胄,动手拆除我们一手造成的"自我"的基本结构,即便痛苦难当,也要勉为其难。暴露自己和认识自己,是让人痛苦甚至令人绝望的,却是真正修行所必经的,我们须放弃期求,同时也放弃恐惧,而"直接冲进失望、处理失望、投入失望,让它成为我们的生活之道。这件事做起来很难。失望是根本智的吉兆,它无可比拟"③,"佛法之道上,失望是最好用的车。它不确认'我'及'我'之美梦的存在"④。"若要让上师以你为友,你必须完全敞开自己。若想敞开自己,你可能要接受道友和日常生活状况的考验,所有这些考验都是以令你失望的姿态出现。在某一阶段,你会怀疑道友对你完全无情,这其实是在对付你的伪善。伪善或'我'的假面具和根本癖极其顽固——它的皮很厚。

---

① 〔日〕铃木俊隆:《禅者的初心》2,第64页。
② 秋阳·创巴仁波切:《突破修道上的唯物》,第42页。
③ 同上书,第45页。
④ 同上书,第46页。

我们易于穿上层层甲胄。这种伪善十分浓密，具有多层，以致脱去一层又出现一层。我们希望不必全脱，我们希望只脱少数几层就能见人了。我们穿着刚露出来的甲胄，面带逢迎之色去见道友，但我们的道友却全无甲胄，而是赤裸裸的人。跟他的裸体相比，我们简直是水泥加身。我们的甲胄厚得让道友摸不出我们的皮肤，摸不出我们的身体，甚至连我们的面目都看不清。"①

在彻底绝望之前，我们不敢放弃熟悉的思维、感知、习惯、烦恼与娱乐，不敢踏入敞开空间的未知世界，因为我们眷恋熟悉，而熟悉会带来安全感，如是，我们在一个熟悉的领域打转，这种状态有一个名称，就叫作"轮回"。下面一则禅宗公案或许非常能说明这个问题："福州古灵神赞禅师，本州大中寺受业，后行脚遇百丈开悟，却回受业。本师问曰：'汝离吾在外，得何事业？'曰：'并无事业。'遂遣执役。一日，因澡身命师去垢，师乃拊背曰：'好所佛堂而佛不圣。'本师回首视之，师曰：'佛虽不圣，且能放光。'本师又一日在窗下看经，蜂子投窗纸求出。师睹之曰：'世界如许广阔不肯出，钻他故纸驴年去！'遂有偈曰：'空门不肯出，投窗也太痴。百年钻故纸，何日出头时？'"②古灵神赞行脚遇百丈怀海而悟，返回出家受业之寺欲报师恩，大有乌鸦反哺之谊。宗门之中，彻悟为上，不落阶级，名位年纪等世间伦序是次要的，未悟用功，悟者指授，本心大事，真实无欺。赵州从谂禅师直陈：三岁小儿若悟得，我向伊学；八十老翁若不悟，我教伊。古灵神

---

①　秋阳·创巴仁波切：《突破修道上的唯物》，第66页。

②　[宋]普济著，苏渊雷点校：《五灯会元》上册卷第四，第195页。

赞点化业师的公案,要点在于,指授其当下回光返照、看破放下、直彻心源。而放下那为保全和巩固自我所做的努力,当下即是觉境,但我们亦发现,"径直"放下,难以持久,我们须"经由修行抵达'放下'。我们必须走修行之道。我们必须让'我',像 只旧鞋,在从苦难到解脱之路上自行磨损"①。"放下"与"'我'的磨损"其实就是不断满足心灵条件、渐臻于无我之境的过程;在这一过程中,我们开始看出,整个过程乃是一出没甚实质的大戏的一部分,过程中因为我们一直在建立,故而什么也没能了解。而真正的出离之道,"不含魔术或花招,唯一要做的是忍痛摘下假面具,露出真面目";而在人自愿这么做之前,还需要经历一个寻找和尝试的过程,也就是经历所谓的"修行","或许在你醒悟得道的企图必然落空之前,你须经过一再建立的阶段。你可能满脑子都是奋斗之念。其实,你可能连自己是来是去都弄不清楚;你已经到了心力交瘁的地步。那时你会得到一个非常有用的教训:放下一切,做个无名小卒"②。总而言之,解脱之道有两种:要么当即摘下假面具,回到本来;要么经历修行,不断建立、精勤努力到达某一高点,绝望透顶,然后放下一切,回到本来。而这两种解脱之道,共同的心灵条件都不外乎赫胥黎所总结出的:"充满爱,心灵纯洁,精神谦卑"。

各宗教的圣贤都告诉我们,应把偶尔的瞥见转化为长存的光明,这也正是禅宗"保任"的意义。而一旦功夫纯熟、归家稳坐,

---

① 秋阳·创巴仁波切:《突破修道上的唯物》,第200页。

② 同上书,第98—99页。

又必然会发现一切努力尽是笑谈，多少甘苦来时路都是多余，是以张无尽居士这样评唱赵州从谂禅师行仪："赵州八十犹行脚，只为心头未悄然。及至归来无一事，始知空费草鞋钱。"而苏东坡的《观潮》诗亦可谓异曲同工："庐山烟雨浙江潮，未到千般恨不消。及至归来无一事，庐山烟雨浙江潮。"归来恍觉无一事，然而，不经历一番行脚，不亲至亲尝，又怎知"不劳修证"。在此，这两则公案相互呼应得好：

　　师(青原行思)曰："子何方来?"迁(石头希迁)曰："曹溪。"师曰："将得甚么来?"曰："未到曹溪亦不失。"师曰："若恁么，用去曹溪作甚么?"曰："若不到曹溪，争知不失?"[①]

　　他日(赵州从谂)问南泉："如何是道?"泉曰："平常心是道。"师曰："还可趣向也无?"泉曰："拟向即乖。"师曰："不拟争知是道?"泉曰："道不属知，不属不知。知是妄觉，不知是无记。若真达不疑之道，犹如太虚，廓然荡豁，岂可强是非耶?"师于言下悟理。[②]

---

① ［宋］普济著，苏渊雷点校：《五灯会元》上册卷第五，第253页。
② ［宋］普济著，苏渊雷点校：《五灯会元》上册卷第四，第198—199页。

第三章　存在、德性与"陷阱"

如前所述，长青哲学旨在合一认识神圣本原，从而完成自我的超越，实现生命的终极意义。它基本认同瑜伽行派的核心见解：客观世界在本质上是幻有的，且一切客观都是心理的客观。但这并不意味着长青哲学是不食人间烟火的；恰恰相反，它认为真正的超越只能发生在世间、在自身，因为世界与自身在本质上有着共同的神圣本原，"若无虚妄幻象，我们不能存活或修行。幻象是必要的，但你不能于幻象之上建立自己"[1]。人居处于这样的世界，须遵循相应的伦理基线，以构成合一认识神圣本原的前提条件。

第一节　存在与德性

在某种意义上，世界观代表视野，长青哲学的世界观可说呈

---

[1]　〔日〕铃木俊隆：《禅者的初心》2，第67页。

现了某种全局性的、整合的、超越的视野；而伦理观则代表德性
指向，长青哲学的伦理观可谓呈现了某种无私的、关爱他者的、
如实面对本来的倾向。

一、"统一，神圣，奥秘"

日月盈仄，沧海桑田，人类的所有知识都在经历着进化和发
展吗？长青哲学认为，事实上，"只有无关紧要的知识才一直有
一种真正的历史性发展。不经过漫长的时间和技巧、信息的日积
月累，我们关于物质世界的知识就不会完善。然而在人类历史的
任何时期，从童年到老年，某些人几乎在其个人的每一个发展阶
段都有可能直接领会作为物质世界本原的'永恒完全意识'"[1]。
而我们日常经验的大千世界，只具有相对的真实性，"这种真实
就其自身层次而言无可置疑，但它是在绝对真实之中并且因之而
获得存在。绝对真实的永恒性与我们的差异之大无可度量，我
们虽然可以直接领会，但永远也不能指望描述它"[2]，换句话说，
真实是分层级的。在此，赫胥黎引述了《大森林奥义书》的一段
文字：

> 于是立义曰："非此也，非彼也。"（neti neti）
>
> 盖无有超此"非此非彼"之义者。
>
> 而其名曰"真实之真实"。

---

[1] 〔英〕阿尔道斯·赫胥黎：《长青哲学》，第32页。
[2] 同上书，第47—48页。

唯生命诸气息为真实，梵则其真实也。①

正因这最高层级的真实贯穿在次真实层面的世界之中，世界乃是统一的、神圣的并充满奥秘的。

宇宙是统一的

盲人摸象的典故我们耳熟能详，摸着象耳的认为大象形似蒲扇，摸着象腿的认为大象形似柱子，摸着身躯的坚像墙，摸着尾巴的坚称像绳子，各执一端，莫衷一是。对宇宙、对世界、对生命的认识，恐怕很容易限泥在盲人摸象的境地。如果我们能看到全面的景象，就会发现世界比我们原以为的更为整合，此前我们欠缺一个整体的视野，此前我们所见的是"这里一点那里一点，而自利也把我们的看法奇怪地扭曲了。最接近我们的东西其重要性被过分夸大了，而其余的我们则以淡漠的冷静态度视之"②，休斯顿·史密斯做了一个譬喻，"生命犹如一张极大的挂毡，我们却从其反面来面对它。这使它的外表看起来像是线和结的迷魂阵，其大部分看起来都是混乱不堪的"，然而，"从纯粹属于人的立场来看，智慧传统乃是人类最持久而认真的企图，要从挂毡的迷魂阵这一边去推测其正面的图案，来赋予整体以意义"③。对这种统一性，禅家的表述更为平实而有诗意，他们说"夏中秋已至，黎明夜中来"，因夏之与秋、昼之与夜，本没有一个截然的分

---

① 〔英〕阿尔道斯·赫胥黎:《长青哲学》，第47页。
② 〔美〕休斯顿·史密斯:《人的宗教》，第367页。
③ 同上。

界，而是"你中有我，我中有你"，是互相蕴藏、彼此包含的；又
说"因云见月，因风见花"，尽管云与月不同、风与花迥异，但在
云的烘托下，月更显眼，而风吹拂花枝，不仅添了生动，还传了
芬芳。世间万物，种种不同，却恰恰相生相成，而汇归于一个全
体。"那归属于整体的正是宗教之所以为宗教的所在，其'合一'
的主题交织在它的每一表达中。佛教徒把手掌合并，象征克服二
元性，而不二吠檀多派则完全否定二元性。"① 赫胥黎引用普罗提
诺（Plotinus）的话说，那些完全开悟的人，"不是在变化过程中，
而是在存在中看待所有事物，并从他者之中看到自己。每一事物
本身都包含着整个世界。因此，'一切'（All）无处不在。一即
一切，一切即一。这时人已经不再是一切。但当他不再是个体
时，他又再次提升了自己，洞悉了整个世界"②。

万有是神圣的

　　世界的统一性中自然蕴藏着神圣性。"如果万物都被一个
巨大的设计所弥漫着，它们不仅是比它们外表更为整合，也比它
们的外表更好"，休斯顿善用譬喻，也同样善用类比来阐释自己
的主张，"如果天文学的结论是它断定宇宙比人类感官所能揭
示的为大，智慧传统的结论则是它要比我们的感性所能分辨的
为好"③。"天与道，梵与涅槃，神与安拉全都富有完美存有之印
记。这使得智慧传统所发出的本体上的丰富光辉，是别处找不到

---

①　〔美〕休斯顿·史密斯：《人的宗教》，第367页。

②　〔英〕阿尔道斯·赫胥黎：《长青哲学》，第12—13页。

③　〔美〕休斯顿·史密斯：《人的宗教》，第367页。

的。"①而世界既是统一的,人自然是这统一中的一部分,也就自然分有这神圣性,"世界宗教所见的人的自我之广大无限是可畏的"②。经典记载佛陀证道后所说的第一句话是:"奇哉奇哉,一切众生皆有如来智慧德相,只因妄想执着不能证得。"

长青哲学认为,天生具有神圣性的,不只是人,还包括自然。"从神在世间这一学说可以推出重要的实际结论——自然是神圣的,人不愿温顺服帖地与自然携手共存,而是骄傲自负地力图做她的主人,这罪恶而愚蠢。要带着敬意和体解来对待低于人的生命和事物,而不是粗暴地迫使它们服务于人的目的。"③赫胥黎非常喜欢《庄子·应帝王》中的这则寓言:

> 南海之帝为倏,北海之帝为忽,中央之帝为混沌。倏与忽时相与遇于浑沌之地,混沌待之甚善。倏与忽谋报混沌之德,曰:"人皆有七窍,以视听食息,此独无有,尝试凿之。"日凿一窍,七日而混沌死。

他这样阐释,"混沌"代表处于无为状态的自然,"倏"和"忽"则代表那些摩拳擦掌的人,"他们认为可以通过围牧造田来改进自然,结果却导致了沙漠;他们自豪地宣布征服了太空,然后却发现击垮了文明;他们砍倒广阔的森林为普及识字提供新闻

---

① 〔美〕休斯顿·史密斯:《人的宗教》,第367页。

② 同上。

③ 〔英〕阿尔道斯·赫胥黎:《长青哲学》,第99页。

用纸（旨在用理智和民主使世界变得安全），结果却遭全面腐蚀，得到的是庸俗杂志，以及法西斯主义、资本主义和民族主义的宣传工具"①。简而言之，"倏"和"忽"信奉"必然进步"的天启宗教，其信条是：天国在你之外，在未来；而庄子及其所代表的道家，都无心胁迫自然满足人类短视的功利性目的，因为"这些目的与长青哲学所表述的人的最终目的相悖"，庄子希望的是，与自然合作，以"造就物质和社会条件，以使人能从生理到精神的所有层面都臻于道"。

存在是奥秘的

宇宙既是统一的，世界既是神圣的，万物一体，人里面蕴藏着神性；既如此，我们所居处的世界就充满奥秘，用休斯顿·史密斯的话来说就是，"我们生来就是置身在奥秘中，我们生活在奥秘中，我们死于奥秘中"，而所谓奥秘，就是某种神奇而有生机的问题，却难以给出某个确定的解答，"我们懂得愈多，我们就愈是觉察到有更多我们不了解的因素与之有关。对于奥秘，我们所知的，以及我们明白到我们所不知的两者并进，知识的岛屿愈大，惊奇的海岸线就愈长。正如量子世界，我们愈是了解到它的形式结构，那个世界也就愈变得陌生"②。开悟的禅师们见面互道"不审"，也就是"不明白"；老子说"知不知，善；不知知，病"（《老子》第七十一章）；苏菲圣人鲁米则建议："卖掉你的聪明，

① 〔英〕阿尔道斯·赫胥黎：《长青哲学》，第100页。
② 〔美〕休斯顿·史密斯：《人的宗教》，第366—367页。

买回困惑；聪明仅仅是意见，困惑则是直觉。"①

　　总而言之，在长青哲学的视野中，宇宙是统一的，万有是神圣的，存在是奥秘的，万物"比它们外表看起来要更为整合、更为美好也更为神秘"②。按照印度教教义，每一次对外在世界之所为，都会反映到所为者身上。譬如砍树，斧头每砍一下，都在把树砍倒，但同样也在执斧人和斧头身上留下印记。长青哲学家认为，倘若仅仅为了个人福祉，所做的每一桩事情，都是在自我上增加一层隔膜，随着隔膜厚度的增加，人也从神那里被隔绝得更远；反过来，每一桩行为都不去考虑自己，就会减少人的自我中心，最后就不会有任何障碍把自己和神隔离开。中国禅人吟出"掬水月在手，弄花香满衣"；老子说"有无相生，难易相成，长短相形，高下相倾，音声相和，前后相随"；印度古谚"赠人玫瑰，手留余香"传遍世界；华严宗之"互具"教义主张万事万物相互作用、相互依赖，因它们本质上是不可分离、不二的；怀特海说，我们在世界之中，而世界在我们之中，亦是表述人与他人、人与物、人与世界之间紧密相联。在这个话题上，法藏《华严金狮子章》"括六相"一段尤为简明精彩：

　　　　狮子是"总相"；五根差别是"别相"；
　　　　共从一缘起是"同相"；眼耳等不相滥是"异相"；

---

　　① 〔英〕阿尔道斯·赫胥黎：《长青哲学》，第180页。
　　② 〔美〕休斯顿·史密斯：《人的宗教》，第367页。

诸根合会有狮子是"成相";诸根各住自位是"坏相"。

如果把世界比喻成金狮子，狮子诸根各住各位，如世间万有形态各异；金铸的眼耳诸根共同构成狮子，如神圣本原遍在其中的万有共同构成世界；狮子诸根皆是金铸，相上互相关联而质上互具统一，如世界各部分相互关联，而统一于奥秘的神圣本原。存在是统一的、神圣的、奥秘的，在此基础上，佛教提出了自己的功夫指向："见狮子与金，二相俱尽，烦恼不生；好丑现前，心安如海。妄想都尽，无诸逼迫；出缠离障，永舍苦源，名'入涅槃'。"（参见法藏《华严金狮子章》）

二、"谦卑，仁爱，诚实"

长青哲学代表的智慧传统既有其独特的世界观，自然有与这世界观相匹配的伦理观，"长青哲学的心理学源于形而上学，而且合乎逻辑地产生了一种特有的生活方式和伦理体系"[①]。既然人的最终目的在于合一认识万物内在而超越的神圣本原，而实现这一目的须满足"充满爱，心灵纯洁，精神谦卑"的心灵条件，那么自有其为人类伦理行为建立的基线，正是这个伦理基线使其倡明的智慧归向不至落空，而是发显于人伦日用，致力于世间的和谐美好。赫胥黎一再强调："关于神圣实在，无论对大千世界中未得新生的普通经验所隐约瞥见的迹象线索做多少理论研究，也

---

① 〔英〕阿尔道斯·赫胥黎：《长青哲学》，第8页。

不如一个处于爱和谦卑状态下的超然物外的心灵所直接领会的多。"①

　　智慧是个美妙的词，那么若要落实，它的细节是什么呢？在伦理领域，十诫所说，几乎是跨文化的：应该防止凶杀、盗窃、说谎和通奸，这些低限度的指导方针并非无足轻重，倘它们受到普遍的尊崇，世界将会好太多。这些方针反映在人的品德上，可归结为三种：谦逊、仁爱与诚实。而谦逊并不是自我贬抑，"它乃是一种与他人在一起的时候，把自我视为一个人却不高于一个人的能力"；仁爱是换一个角度来说，即"把邻人同样视为一个人，与自己一样的完全的人；而至于说诚实，则"不只是最低限度地说真话，而是要达到崇高的客观性，完全如实地看事物之道的能力"，"把一己的生命顺应事物之道就是真诚地做人"②。东方宗教同样赞美如上三种品德，并强调要获得这些品德需克服某些障碍，佛教称这些障碍为贪、嗔、痴"三毒"，一旦它们被除去了，取而代之的就是无我、慈悲和如实观，显然，无我对应着谦逊，慈悲对应仁爱，如实观对应诚实。③

谦　卑

　　真正的谦卑并非易事，它不是外表的谦恭礼让，而是一种内在自知的流露。赫胥黎指出，"阿西西的圣方济各(St. Francis of Assisi)曾一再称念：'愿我认识你，愿我认识我自己(Noverim

---

　　①　〔英〕阿尔道斯·赫胥黎：《长青哲学》，第6页。

　　②　〔美〕休斯顿·史密斯：《人的宗教》，第366页。

　　③　同上。

Te, noverim me).'导向自厌和谦卑的自知是爱知神的条件",事实上,"每个希求神的灵魂都必须认识到自己是谁。修习所谓超越人的道德层面的心灵祈祷或音声祈祷是在用行动骗人:这一谎言会导致对神的错误认识、个人偶像崇拜、不切实际的幻想和(因缺乏自知的谦卑所导致的)灵性我慢"①。在心灵修养之途上,有一个根深蒂固的问题,我们似乎有意无意地总是太致力于证明什么,秋阳·创巴认为这一点或许与心理上的偏执感和贫穷感有关,因为人一旦想要证明或得到什么,就不再是敞开的了,因为必须检查每一件事,确保每一件事安排得正确无误。事实上,力图证明什么,是一种十分偏执的生活方式,我们并不真能证明什么。"你也许能在数量上创下纪录——我们建造的最雄伟,我们收集的最多、最长、最大。但你一去世,谁还记得这些记录?就算记得,记得多久?一百年?十年?十分钟?有价值的记录,是当下的记录,是现在的记录",也就是,"现在有无真正的沟通和敞开"②。敞开或说放下,是内在谦卑的真正生起,它关乎自我的消泯。放下,绝对"不是自认低贱和愚蠢,也不是想要崇高与深奥。它与层次和评估无关。我们放下是因为愿意'如实与世间沟通'"③。在真正的谦卑中,不包含对外力的崇拜,而有与自身灵感合作的意味,这样人乃成为一个敞开的容器,使得直觉性的深层认知成为可能。

---

① 〔英〕阿尔道斯·赫胥黎:《长青哲学》,第366—367页。
② 秋阳·创巴仁波切:《突破修道上的唯物》,第137页。
③ 同上书,第49页。

　　长青哲学主张，人需甘愿放弃所有成见，正如密勒日巴曾预期老师玛尔巴是位大学者和圣人，应是身着瑜伽士服装、佩戴念珠，口诵真言或闭目打坐，却惊悉玛尔巴在田间工作，完全是个农夫的样子。他发现，但凡自己有成见，不论多么细微，都非真正的谦卑；在内心可接受一切之后，才变得真正的谦卑——"你开始失去自己的灵感，因为你已完全放下、完全放弃，你觉得自己缩成一粒微尘，微不足道"①。这种谦卑，用大乘佛教的说法就是"菩萨道"的品质，"一位菩萨，即使诸佛授与勋章，宣告她是全宇宙中最勇猛的菩萨，她也不会在意；她根本不会把此事放在心上"，因为菩萨行是自然而然的行为，是平怀敞开的沟通，"其中根本没有奋斗或急进的成分"②。

　　赫胥黎将谦卑和无心之境联系起来："在印度和远东的长青哲学表述中，这一主题得到了最系统的讨论。它们规定的乃是意识对个体小我和与梵等同的大我、个体自我与如来藏或本心加以辨别的过程。这种辨别会引起某种突然和全面的意识'剧变'，使人达到一种'无心'境界，从感觉和理智的我执中解脱出来。这种'无心'境界仿佛介乎凡俗之人的漫不经心与狂热追求解脱之人的过度渴望之间。要达到'无心'，须步步在意；要保任它，须学会将高度警觉与宁静柔顺的自我否定相结合，将不屈不挠的意志与完全顺从灵性的指引相结合。黄檗希运说：'将心无心，

---

　　①　秋阳·创巴仁波切：《突破修道上的唯物》，第67页。
　　②　同上书，第137—138页。

心却成有，默契而已，绝诸思议。'换句话说，我们作为独立个体，绝不能尝试去想它，而要让它想我们。在《金刚经》中我们也读到，在试图达到真如的过程中，'若菩萨有我相、人相、众生相、寿者相，则非菩萨。'苏菲派哲学家加扎利（Al-Ghazzali）同样强调需要保持理智上的谦卑与顺从：'一个处于"无我"（fana，大致对应于禅宗的"无心"）之境的人若有空掉自我的想法，那是缺陷。最高的境界是连空也空掉。'在梵我的内在高度里有一种狂喜的空亦空；此外还有一种更加全面的空亦空，不仅在内在高度里，而且在平凡的世间，在对完满的神的觉醒认识中。"① 谦卑有时被表述为"赤裸"或"贫穷"，用埃克哈特的话说，"人必须变得真正贫穷，像出生时一样摆脱其受造性的意志。我告诉你，借着永恒的真理，只要你还想履行神的意志，对永恒和神还有任何渴望，你就还不是真正贫穷。只有'他'才真正精神贫穷，一无所愿，一无所知，一无所求"②。这种"变得贫穷"的努力，用淮南子的话说便是"去其所本无"，用老子的话说就是"复归于婴儿"，用香严智闲的话说就是"锥也无"：

> 袁州仰山慧寂禅师……问香严：
> "弟今日见处如何？"
> 严曰："某甲卒说不得。"乃有偈曰：
> "去年贫，未是贫；今年贫，始是贫。

---

① 〔英〕阿尔道斯·赫胥黎：《长青哲学》，第96页。
② 同上。

　　去年无卓锥之地，今年锥也无。"

（《景德传灯录》卷十一）

　　谦卑是自然发生的，如果以它为道德条目去恪守，便背离了初衷，或致行为畏手畏脚、言语闪烁不定，徒增可怜，倘若如此，便不是谦卑，而是虚伪。"我们无需削足适履，让自己去配合什么职位或环境。我想长久以来，我们之中的许多人都是一直企图做那种事，企图局限自己，把自己分门别类塞入种种狭隘固定的环境"[①]，以谦虚和随缘之名，行虚伪和逃避之实。赫胥黎强调，"就社会关系而言，自我否定的形式不应是自称谦卑的卖弄行为，而应是控制语言和情绪，避免说任何苛刻或无聊的话（这意味着大约有一半日常交谈可以省了），当外在环境或身体状况使我们容易焦虑、忧郁或过度兴奋时仍然安之若素，宁静欣喜如常"[②]。

仁　爱

　　"凡学习达到静观（即合一认识）者，需首先彻问自己爱了多少。因为爱是心灵的动力（*machina mentis*），它让心脱离尘世，上达于天"[③]，罗马天主教教皇大格里高利（St. Gregory the Great，540—604）如是说。长青哲学赞许的仁爱，不同于期求回报的凡俗之爱，各灵性宗教的导师们已经或简明或系统地描述了这种仁爱的本性，并把这种爱与其他较低形式的爱区分开来。赫胥黎考

---

①　秋阳·创巴仁波切：《突破修道上的唯物》，第139页。
②　〔英〕阿尔道斯·赫胥黎：《长青哲学》，第133页。
③　同上书，第105页。

察了其主要特征：首先，仁爱是无私的、不图回报的；其次，仁爱因于爱神而爱一切人和物；此外，由于它是无私的，它必然是普遍的。

　　与谦卑一样，做到真正的仁爱也非易事，因为我们在给予爱的同时往往夹杂着期待，期待同等被爱甚或更多的回馈。威廉·劳却发现："爱本身万无一失，绝没有错，一切错误都是对爱的期求。"[①] 长青哲学主张的仁爱是无求的，它与自然安住、清醒觉知紧密相连，"如果你热衷什么，你会想要尽快把它拿到手，以满足你的贪欲；没有需要满足之欲，就没有急进。你若真能跟禅修的纯朴亲近，急进便会自行消失。由于不赶工，你才能放松；由于能放松，你才能陪自己，与自己为友。于是思想、情绪、起心动念，都经常把重点放在你跟自己友好的行为上"[②]。对自己友好，乃是仁爱的发端，与自己和解、真正爱自己，才能推己及人，真诚持久而有效地爱他人、与人为善。佛教称之为无缘同体的"慈悲心"，"悲心是禅修的实质，是落实的感受。悲心的温情，意谓不要匆匆忙忙，而要如实跟每一情况打交道"[③]。

　　仁爱意味着敞开自己，"敞开自己，并无仪式或公式"，它径直而行，自然而然；对其直接性和自然性，秋阳·创巴甚至用呕吐来做比喻："我们不考虑怎样呕吐，我们径直呕吐，我们没有时间去想要如何呕吐，呕吐便径自发生。我们若是非常紧张，便会

---

①　〔英〕阿尔道斯·赫胥黎：《长青哲学》，第 106 页。

②　秋阳·创巴仁波切：《突破修道上的唯物》，第 141 页。

③　同上。

遭受极大痛苦，反而吐不好了；我们力图把要吐的咽回去，力图跟病拼斗。我们必须学习在有病时放松身心。"[1] 真正的敞开是自然而然的，因而仁爱也是自然而然的，"菩萨不是力求和善，而是自然慈悲"[2]；"菩萨从不追求出神、极乐或专注的境界，他只是如实觉悟生活状况"[3]，他对世间自然而然流露慈爱，他处理实际生活，但心无所住，无论何时何地，有人需要他帮忙，他就帮忙，而毫无分别计较、期求回报或自矜自赞的心态。这种慈悲与仁爱，乃是一种对他者敞开的觉知，其中蕴含着慷慨的分享之心和温暖的无畏之力。"当你在禅修中不仅体验到宁静，而且体验到温暖时，即是慈悲开始参与了。那时你深感内心温暖，从而产生一种敞开和欢迎的态度。当此温暖之感生起时，你不再忧虑或害怕外在的因素会妨碍你的禅修。"[4]

　　长青哲学认为，事实似乎是：人越爱，便越能爱。赫胥黎引述威廉·劳的话道："由于爱没有私下的目的，除了自身的增长不意愿任何东西，所以一切事物都如同油之于火；它必定会拥有所意愿的东西，不会失望，因为一切事物（包括那些被爱者的不善）都会自然帮助它以自己的方式活并产生自己的事功。"[5] 仁爱内里蕴藏着一种平等观，即不只能爱"善者"，也能爱"不善者"，赫胥黎再度诉诸永嘉玄觉禅师的证道歌："观恶言，是功德，此则成吾

　　① 秋阳·创巴仁波切：《突破修道上的唯物》，第76页。
　　② 同上书，第220页。
　　③ 同上书，第235页。
　　④ 同上书，第274页。
　　⑤ 〔英〕阿尔道斯·赫胥黎：《长青哲学》，第110页。

善知识。不因讪谤起冤亲，何表无生慈忍力。"或许我们还可以再补充一句孟子的话："仁者无敌。"即便看似最少感情色彩的老子也赞誉慈心："慈故能勇，俭故能广，不敢为天下先故能成其长。今舍慈且勇，舍俭且广，舍后且先，死矣！夫慈以战则胜，以守则固。天将救之，以慈卫之。"（《老子》第六十七章）应该说，比较而言，世界各宗教之中，佛教是最富于这种仁爱或称慈悲精神的，不止对人，也对一切生命。赫胥黎选用《慈爱经》的话表达长青哲学尚仁爱的伦理观：

> 如母不惜身命保护独子，应对一切众生修习无量慈心；应对一切世界散发无量慈心，上下四维，无障碍无仇恨无敌对；住行坐卧，不偷懒不昏睡，应培养此种正念，此即现前梵住。[①]

诚　实

我们在前面已阐明，长青哲学认为，人最终的生命意义在于合一认识神圣本原从而即身转凡成圣，实现这一意义的必要心灵条件为"充满爱，心灵纯洁，精神谦卑"，亦即超越自我中心，那么付诸行动的第一步，就必然是如实面对自己，反应在伦理观上就是要求人对自己诚实。诚实不仅意味着不说谎话、不作态欺人，更意味着坦诚面对自己、不自欺。准确地说，诚实面对自己，是一条自知之路。事实上，完全诚实地面对自己，也远非一件容

---

① 〔英〕阿尔道斯·赫胥黎：《长青哲学》，第111页。

易的事，深入人生实况需要极大的兴趣和努力。柏拉图主义者约翰·史密斯有句名言："人本身怎样，其眼中的神就怎样。"[①] 圣托马斯·阿奎那的老师大阿尔伯特（Albertus Magnus，1200？—1280）则说，"通向神就是进入自己"[②]，因为只有诚实面对自己，才能进入自己，进而超越自己。费内隆告诉人们，诚实而单纯的品质"近乎高尚"，"难行之道的重点似乎是修学者个人必须勉为其难，承认自己的真面目。你必须肯自立自强，难就难在这儿"[③]。"不要把修道看作豪华舒适和轻松愉快，而应只视之为如实面对人生。"[④]

在佛教传统中，有一套皈依仪轨用语，即皈依佛、皈依法、皈依僧。何为皈依？秋阳·创巴的解释是内心的皈顺与诚实，"我皈依佛即是皈顺的实例，承认自己的性格有其不善之处而坦诚面对的实例。我皈依法即是皈依生存的法则或如实的生活，我愿睁开眼睛如实去看人生的境遇"[⑤]。修道不是求职，"不是要整肃仪容以便给未来的雇主一个好印象；这种虚诈，在跟上师面谈时用不上，因为他能把你看穿。我们若为了跟他面谈而特别打扮自己，他会觉得好笑。奉承在此不能适用，因为实在是枉费心机。我们必须认真坦对上师"[⑥]。敞开意味着做真正的自己，不必削足

---

①　〔英〕阿尔道斯·赫胥黎：《长青哲学》，第 185 页。

②　同上书，第 145 页。

③　秋阳·创巴仁波切：《突破修道上的唯物》，第 106 页。

④　同上书，第 121 页。

⑤　同上书，第 48 页。

⑥　同上书，第 63 页。

适履讨好任何人，包括讨好自我；在帮助人时，因不必在心理上取悦自己，反而会无所求，利于长养平常心，从而更能看清自己和外物。铃木俊隆对弟子开示道："当你成为你，你就会以实物的本然面貌看待它们，与周遭浑然为一。这才是你的真我，这才是真正的修行。"[1]

　　谦卑、仁爱和诚实，这三种品德是统一的，它们的共同指向就是趋于无我；谦卑是仁爱的必要条件，而仁爱能使谦卑在彻底的自我归零中达到圆满，而只有诚实面对自己，才能生出真正的谦卑和仁爱。波斯早期苏菲派大师赫拉特的安萨里说："你会成为爱之路上的朝圣者吗？首先要让自己谦卑如微尘。"[2]17世纪法国天主教神学家弗朗索瓦·费内隆则告诉世人："关于爱你的邻人，我只想说，除了谦卑，没有什么可以使你如此；只有意识到自己的弱点，你才能宽容和怜悯别人的弱点。你也许会说，我很清楚谦卑会带来对别人的宽容，但首先是我如何获得谦卑？把两样东西结合起来会带来谦卑，你永远不要分开它们。首先是对深渊的沉思，神的全能之手把你从这深渊中拉了出来，使你悬浮其上；其次是那个洞穿一切的神的在场。只有在对神的注视和爱中，我们才能学会忘却自我，恰当估量那个令我们炫目的无，习惯于在那个包容一切的伟大至尊下面心怀感激地减损自我。爱神，你会谦卑；爱神，你会抛弃爱自我；爱神，你会因为爱他而爱

---

① 〔日〕铃木俊隆：《禅者的初心》，第120页。
② 〔英〕阿尔道斯·赫胥黎：《长青哲学》，第116页。

他让你去爱的一切。"[1]谦卑、仁爱、诚实，这三者乃是属于长青哲学伦理上的善，但我们需知晓，在长青哲学语境下，这种伦理上的善，其同义词几乎就是"合一认识"，正如休斯顿·史密斯所说，"唯一无条件的善，乃是延伸出去的洞见，扩大吾人对万物终极性的了解"[2]。

第二节　"微妙的陷阱"

赫胥黎是以反思和批判精神著称的思想家，《长青哲学》一书中有许多他对现代性的深刻反思，包括对教育体制、进步主义、科技发展、广告宣传等，可以说，在20世纪40年代发出这种声音是有前瞻性的。鉴于本书主题，我们仅撷取他对宗教问题的反思进行探讨。凭借其卓越洞察力，赫胥黎剖析了修行路上潜在的多处微妙陷阱。譬如说过分依赖机构和集体、所谓的"虔诚"与偶像崇拜，我们将之归纳为"推卸责任"类型；另有追求神通与超能力、情感主义以及怀旧和理想主义，我们将之归纳为"耽溺境界"类型。

一、"推卸责任"型

过分依赖机构与集体

通常，一谈到修行，我们就会想到相应的组织；而一涉身修

---

① 〔英〕阿尔道斯·赫胥黎:《长青哲学》，第116页。
② 〔美〕休斯顿·史密斯:《人的宗教》，第8页。

行，我们也会自然而然地想到加入相应的组织，借集体共修之力更好地提升自己。不得不说，长青哲学的倡导者对此的态度相当冷峻。加入一个组织，我们容易心安，以为解脱或悟道这些成就"无需自己动手，会有人帮忙。'你没问题，不用愁，不要哭，你将安然无事，我会照顾你。'我们总以为自己所需做的，只是宣誓入会、缴入会费、签名登记、遵命行事而已。'我深信你的组织是有效的，能解决我所有的问题。你怎么给我安排都可以；如果你想要让我吃苦受罪，请便。我什么都听你的。'这种除了遵命别无他事的心态，令人觉得安适"。像这样，加入组织，融入集体，什么都交给别人去办，让别人教导自己和纠正自己，人们很容易陷入这种模式，因为，"一般而言，我们的生活态度是取着，想要依附各种情况，以便获得安全。我们也许把某人看作自己的小孩；另一方面，我们也可能喜欢自视为无助的婴儿，而跳到某人的膝上求抱。此膝可能属于个人、机构、社团、老师或如父如母的人物"，我们一直想有所属，"想做某人的小孩，或想要他人做我们的小孩。个人、机构、制度或任何事物，都可能成为我们的小孩；我们会养育、喂它奶、促进他的成长，不然就是机构做伟大之母，不断喂我们。若无此'母'，我们便活不下去"[1]。事实上，对组织机构的过度依赖，与其说是一种天真的麻木，不如说是一种精巧的逃避。

首先，组织中有丰富的社交活动和集体仪式，置身志同道合

① 秋阳·创巴仁波切：《突破修道上的唯物》，第 277—278 页。

者当中，彼此拥有基本相同的世界观和价值观，通过举行仪式来表达和增强集体感和对共同目标的认同感，这种感觉非常美好。一起唱歌跳舞、打坐礼佛和祈请神灵，这种群体归属感令人心安和依恋。加入某个修行上的组织、社团或俱乐部，有了名分和位次，获得归属感，也容易让人自信比之前更有智慧和道心。秋阳·创巴却犀利地指出，加入组织、团体或门派，有了僧侣、瑜伽士或别的头衔，"这些名称和证件真对我们有益吗？当真有益吗？"[①] 我们对修行一事必须慎思明辨，这是相当内在和个人化的一件事，"不是傻呵呵地接受堂皇的认证书，也不是为了自利而参加俱乐部"[②]。林肯·史提芬斯有一个寓言，说一个人爬到一座山顶，他踮起脚尖，想要抓住真理。撒旦怀疑这个傲慢无礼的人会搞什么花样，就叫一个小鬼去跟踪他；小鬼大惊失色地回来报告那个人的成功——他抓住了真理，但是撒旦毫不慌张。"不必担心，"他打着哈欠说，"我会引诱他把真理制度化。"[③]"世界各宗教在神学和形而上学中所揭示的真理，乃是受到启发的。至于机构组织——特别是指宗教机构——却是另外一回事了。由于机构是由本身内在有缺陷的人组成的，也因之就是由善与恶所组成。"[④] 而真正的修行之路，始于真实地面对自己，"你是什么人，就做什么人。你不把自己缩小成婴儿，也不要别人跳到你的膝盖

---

① 秋阳·创巴仁波切：《突破修道上的唯物》，第 79 页。
② 同上。
③〔美〕休斯顿·史密斯：《人的宗教》，第 5 页。
④ 同上。

上求抱。你在世间和生活中，只做真实的你"①。

所谓的"虔诚"

按照一般性理解，宗教徒的虔诚是理所应当的，是好的。长青哲学家却发现有多种所谓的"虔诚"，不仅无益，甚而有害。

> 你知道为何这么多虚伪的灵魂出现于世，用虚伪的火与光自欺欺人，自称是神圣生命的消息、光明和门径，特别是要在神的召唤下创造奇迹吗？那是因为：他们转向神，却未转变自己；他们关注神，却对自己的本性无动于衷。现在宗教掌握在败坏的本性或者说自我手中，只会发现比任其自然更糟糕的恶习。因此宗教人士的诸多混乱情绪，其毒焰更甚于施诸世俗事务的情绪；贡高、我慢、仇恨和迫害，掩藏在宗教热忱的外衣之下，会纵容一些原本任其自然也会羞而不为的做法。②
>
> ——威廉·劳

"转向神，却未转变自己"，赫胥黎指出，这句话"解释了借宗教之名所犯的一切愚行和不义。那些转向神却未转变自己的人常以几种典型易识的方式被诱至邪途"③：首先，"他们被诱导修习神通仪轨，企图以此迫使神回应他们的祈请并且总体上服

---

① 秋阳·创巴仁波切：《突破修道上的唯物》，第 278 页。
② 〔英〕阿尔道斯·赫胥黎：《长青哲学》，第 314 页。
③ 同上。

务于他们个人或集体的目的。献祭、符咒以及耶稣所谓的'重复话'，所有这些丑陋之事都是缘于企图把神当作无限夸大自我的手段，而非经由彻底自我否定所达成的目的"。其次，"他们被诱导以神之名为其谋取地位、权力和财富辩护。因为他们相信自己的行为基于神圣的理由，所以问心无愧地继续作恶，而这些做法'原本任其自然也会羞而不为'"。最后，一种诱惑"则产生于伪宗教信徒开始获得法力之时，这些法力乃是其虔修神通的结果。实际上，献祭、符咒和'重复话'的确会产生这些结果，尤其是结合身体苦行来修习时。转向神却未转变自己的人当然无法企及神；但如果他们把全副身心投入伪宗教，也会得到果。其中一些果无疑是自我暗示的产物，另一些果则是由于在灵媒中某物会制造出某种'非我们本身之物'（未必是为了正义，而常常是为了法力）"[1]。那些热烈地"虔诚"转向神却未转变自己的人，似乎获得了让自己的祈请得到回应的诀窍，但正如赫胥黎所指出的：一祈请就如愿得到回应，这一定是件好事吗？其究竟是否真正有益于我们的灵性？

赫胥黎引述了塞巴斯蒂安·卡斯泰利奥的一段文字，这段文字抗议的是 16 世纪的宗教改革家假借宗教之名犯下的愚蠢罪行：他们无比"虔诚"地热衷于神，却未转变自己，"比起应在精神上尊崇的灵性，比起蕴含人类永恒生命的无我认识中的永恒实相，他们更感兴趣的是历史性基督教的世俗面向，如教会组织、

---

① 〔英〕阿尔道斯·赫胥黎：《长青哲学》，第 315 页。

逻辑诡辩、对《圣经》咬文嚼字等"[1]。

> 英明的亲王（文字是写给符腾堡公爵的），如果您告知臣民会不定时来访，并要求他们穿白色衣服迎接；而当您到来时却发现他们并未身着白衣，而是把时间花在激烈的争论上——有人坚称您在法国，有人主张您在西班牙；有人宣称您会骑马而来，有人认为您会乘战车；有人相信您会有盛大阵容跟随，还有人则觉得您会只身前来——倘若如此，您会怎么办呢？如果他们不仅在口头上争得面红耳赤，而且拳脚相加、剑拔弩张，特别是，如果一些人成功地杀死和消灭了不同意见者，您又会说些什么呢？"他将骑马而来。""不，他将乘战车。""你说谎。""我没有，骗子是你！""吃拳！"一拳击去。"看剑！"一剑穿心。君主啊，您对这些臣民会作何感想？基督要我们穿上圣洁的白袍，但什么占据了我们的思想？我们不仅争辩通往基督之路，也争辩基督与父神的关系，争辩三位一体、得救预定论，争辩自由意志、神的本性，争辩天使以及死后灵魂的状态——争辩一大堆于拯救无足轻重的事；还争辩许多除非内心纯洁否则永远无法得知之事，这些事须由灵性才能觉知。[2]

为何人们容易虔诚追奉因信称义和得救预定论的教义？赫

---

① 〔英〕阿尔道斯·赫胥黎：《长青哲学》，第319页。

② 同上书，第319—320页。

胥黎认为这仍然与迎合"自我"相关，因为它们"比长青哲学的教义更激动人心；不但更激动人心，而且不那么严苛：如果它们是真的，人就可以不必经受煎熬的自我归零过程，而这一过程乃是认识永恒实相获得解脱的必要前提，不但不那么严苛，而且更能迎合理智对于清晰公式和用三段论证明抽象真理的偏爱。服侍神是无聊的；有趣的是辩论并驳倒对手，大动肝火并称之为'义愤'"①。

　　如果说上一种"虔诚"是因为容易，那么还有一种"虔诚"是因为熟悉。赫胥黎发现，对传统神圣著作的熟悉，实际上却往往会导致"一种恭敬的麻木、精神的昏聩，以及对圣言的真意充耳不闻"②。商羯罗说："当人走尘世之路、肉体之路或传统之路时（比如当他相信宗教仪式和经典文字时，仿佛它们本来神圣），他心中就不可能生起对实相的认识。智者说，这三条路就像一条铁链，锁住了渴望逃脱尘世牢狱者的双脚；从铁链中解脱者得大自在。"③在所谓"虔诚"的问题上，赫胥黎又一次把目光移向佛教，他这样阐释："正信是通往解脱的八正道之一；束缚主要根源于邪信或无知——我们须记住，无知并非完全不可战胜，归根结底是意志问题。如果我们不知，那是因为我们发现不知更省心。最初的无知等同于原罪。"④在此，我们再度发现禅宗的可贵，禅宗

---

①　〔英〕阿尔道斯·赫胥黎：《长青哲学》，第320页。
②　同上书，第4页。
③　同上书，第15页。
④　同上书，第321页。

主张"大疑大悟，小疑小悟，不疑不误"，"见与师齐，减师半德；见过于师，方堪授受"，石头希迁"宁可永劫受沉沦，不从诸圣得解脱"，大慧宗杲则直陈，"古人脚踏实地处，不疑佛，不疑孔子，不疑老君，然后借老君、孔子、佛鼻孔要自出气"，将自力解脱的精神发挥得淋漓尽致，令热烈或麻木的"虔诚"无法安身。

秋阳·创巴说，"我的学生，大多是因为听说我是禅师和西藏喇嘛才来跟我学的。但我们的初次邂逅如果是在路上或餐馆，还会有多少人来呢？很少人会因这种偶遇而起学佛修禅之心。引人学佛的似乎是我的身份——从异国来的西藏禅师，第十一世创巴活佛"，"人们就是这样才来求我灌顶，以便加入佛教和修道的团体。但灌顶的意义究竟为何？佛法悠久伟大传承的智慧是由禅师代代相传的，且与灌顶有关，这又是怎么回事？"[1] 显然许多人是"虔诚"地对这个问题置之不理的。依止某位师父或上师，虔诚地为宗教出钱出力，都未必是真正在修行，"都未必是说我们已真的完全敞开自己了，此类行为更有可能只是变相的举证，证明我们已加入'对'的一边。上师似乎是有智慧的人，他晓得他在做什么，我们想站在他那一边——安全的一边、善良的一边——以便获得福祉与成就。但是，我们一旦属于他那一边——清醒的一边、稳定的一边、智慧的一边——我们便会发现，我们根本未能确保自身，因为我们所投入的只是我们的门面、我们的甲胄；我们并未全身投入"[2]。

---

[1] 秋阳·创巴仁波切:《突破修道上的唯物》，第78页。
[2] 同上书，第80页。

偶像崇拜

偶像崇拜往往与狂热联系在一起，在此，赫胥黎引述了英国教育家托马斯·阿诺德（Thomas Arnold，1795—1842）的一封信，并认为这是一条"绝佳的心理分析"："狂热是偶像崇拜，它有着偶像崇拜的道德之恶；也就是说，狂热分子崇拜其自身欲望的创造物，因此即使为之献身，也分明只是为己献身；因为事实上这是让他的本性或心灵中最不被看重的部分为其最看重的部分做出牺牲……狭隘导向邪恶，因为它不会将其警觉扩展到我们德性的方方面面，而忽视则会助长受忽视部分的邪恶。"[1] 偶像崇拜看似是向外的，其实是内在问题的折射，因为热衷于自我的某个部分，崇拜者狂热地将之投注于与之对应的外在形象；而"当一个人致力实现的目的并非真正目的，即当这一目的不是神，而仅仅是对他自己偏爱的观念或道德优点的放大投射时"[2]，某种"伪恩典"就降临了，"盲目崇拜道德价值本身会使其自身目标落空，这不仅是因为缺乏阿诺德所说的全面发展，而且最重要是因为即使道德偶像崇拜的最高形式也是遮掩神的，因此令崇拜者无法获得实相的开悟和解脱知识"[3]，而当人放弃自我意志、放下自我时，狂热就消失了，偶像崇拜也失去了土壤。

对于修行一事，必须慎思明辨。"如果去听上师说法，我们不该让自己被他的名气和神奇的能力迷住，而应善自体会他所说

---

[1]　〔英〕阿尔道斯·赫胥黎：《长青哲学》，第 324—325 页。

[2]　同上书，第 325—326 页。

[3]　同上书，第 326 页。

的每一句话和他所教的每一种修法。我们必须跟法教和法师明确而理智地打交道。"① 此外，我们还须放下对上师的种种奢望，"不再眼巴巴地盼望上师表现奇迹，以某种非凡无苦的方式给我们灌顶"②。许多瑜伽士、宗教家、圣人的传记中，似乎都谈及惊人的神通，诸如腾空飞跃、穿壁而过、变换时空等。而学道者往往有这种心理倾向，"你想对自己证明这种神通是有的，因为你想确定自己是站在上师这一边，站在教义这一边；你想确定自己之所以是安全有力的、好得惊人的；你想确定自己是在'善男信女'这一边。你想要成为那些具有奇才异能的少数人士之一，成为那些能把世界颠倒过来的人士之一"③，秋阳·创巴认为，这种倾向"显示我们有着非常内向的心态；我们对自己和自己的处境非常注意，我们觉得我们是少数，我们是在做极不寻常之事，我们与众不同——这种想要证明天下无双的企图，其实只是想要给自欺找个理由罢了"④。根本而言，偶像崇拜是确保或说加强自我中心的伎俩。

　　如上分析了过分依赖机构和集体、所谓的"虔诚"与偶像崇拜这三种状态的心理机制，我们将之归纳为"推卸责任"型。机构、集体、偶像乃至经典都属外在之物，修行者借由它们回归自

---

① 　秋阳·创巴仁波切：《突破修道上的唯物》，第 79 页。
② 　同上书，第 111 页。
③ 　同上书，第 124 页。
④ 　同上书，第 125 页。

心则其功甚大，然而若一味依赖、寄望于它们而不求诸己，便永无可能实现灵性上的圆满。这种心理也体现在对科学和物质的过分仰赖上，"我们希望能从操纵物质或自然界当中获得智慧和解悟，我们甚至期望科学大师们替我们做。他们可以把我们送进医院，用适当的药剂把我们的意识提升到崇高的境界。但我认为是无法如愿的事，我们无法摆脱自己的真面目，它永远跟着我们走"①。寄希望于外界，幻想借由他力解脱，实质上乃是推卸责任、逃避自我，注定要梦想破灭。

二、"耽溺境界"型

神通与超能力

长青哲学家总结出，只要举行仪式，那些足够虔信者就会发现有某种东西"存在着"，这并非他们想象中的主观之物，"只要这种被投射的灵物受其崇拜者信念和爱的滋养，它就将不仅拥有客观性，而且还有能力使人们的祈祷得到回应"②。这种神通或说通灵能力似乎偏爱那些有苦行经验者，"使祈愿得到答复的能力，治愈或示现其他奇迹的能力，洞见未来或他人心念的神通，似乎往往与禁食、内观和痛苦的自罚有某种因果联系"③。然而，赫胥黎严肃地指出，"以神为中心的圣人和灵性导师大都承认超常力量的存在，但都会予以强烈反对。认为神通关乎解脱，乃是

---

① 秋阳·创巴仁波切:《突破修道上的唯物》，第 108 页。
② 〔英〕阿尔道斯·赫胥黎:《长青哲学》，第 343 页。
③ 同上书，第 130 页。

一个危险的错觉。这些东西要么与生命的主要问题无关，要么（如果太过珍视和关注）会成为灵性进化道路上的障碍"①。不得不说，太过专注于通灵现象，可能并且常常是真正灵性道路上的一大陷阱，古今中外有很多人热衷于通灵现象并且禀赋异常，但"只有少数人能够超越通灵，进入真正的灵性体验"②。

　　祛魅时代是科学主义者和理性主义者的时代，赫胥黎认为他们"对灵性一无所知，对物质世界和他们关于世界的假说又极其珍视，因此汲汲于说服自己和他人并不存在奇迹"，而长青哲学的倡导者，则"因为体验过灵性生活及其伴生品，故而确信奇迹会发生，但认为它们并不重要，且主要是负面和反灵性的"③。苏菲派视神通或奇迹为"亘于灵魂与神之间的面纱"④，印度教灵性导师教导弟子不要关注神通或通灵能力，"作为制心一处的静观的伴生品，它们很可能不请自来"⑤，但导师们警告说，若刻意培养这些能力，则会"干扰灵魂契入实相，在开悟和解脱之路上造成难以克服的障碍"⑥；佛教导师也持类似态度，赫胥黎引述了一则巴利文佛典的记载，"佛陀对一位弟子表演腾空的卓越才能作出典型的冷淡评价。佛陀说：'此于未化者之调伏、已化者之增上，无少分利益'，随即继续回头谈论解脱"⑦。波斯早期苏菲派大

---

① 〔英〕阿尔道斯·赫胥黎：《长青哲学》，第130页。
② 同上书，第31页。
③ 同上书，第336页。
④ 同上书，第335页。
⑤ 同上。
⑥ 同上。
⑦ 同上书，第335—336页。

师赫拉特的安萨里不无幽默地诘问道："你能水上行吗？你不如一根稻草。你能空中飞吗？你不如一只青蝇。征服自己的心，你才会顶天立地。"①

　　同样，身体瑜伽的练习可以使人在身体上获得超乎常人的精准与控制力，然而这种迷人的身体超能力也可能成为一个陷阱，"如果你愿意把你的一生拿来做这类的修炼，你就可能做到一些不可思议的事情，不过这些与悟道并无太大关系。假如这修炼是出于一种炫耀的欲望的话，那就会妨碍精神上的成长"②。而在瑜伽传统中，瑜伽士若无空性经验就运用身体的能量流，很可能会涉险和贻害。有些能激起能量流的瑜伽体式练习，会引发贪、嗔、慢等烦恼并加大其力量，到达难以掌控的地步。对于醉心于其本身能量的瑜伽士，瑜伽传统认为其不过像"一只漫无目的、四处狂奔的醉象"③。我们不能说通灵和身体活力被唤起一定是坏事，但如果贪恋这些，就成了通往终极目的的障碍。

情感主义

　　世上宗教派别林林总总，有佛教、有基督教，有大乘、有小乘，有临济、有曹洞，但如果耽于某种欢乐情绪和情感，恐怕难以真正借由这些宗教与教派的通道契入神圣本原，"如果你修行任何一个法门，却以一种如同在宇宙跳来跳去的方式来修行，它不会有太多助益。若你对修行有正确的理解，则不论你搭火车、坐飞

---

① 〔英〕阿尔道斯·赫胥黎：《长青哲学》，第334—335页。

② 〔美〕休斯顿·史密斯：《人的宗教》，第28页。

③ 秋阳·创巴仁波切：《突破修道上的唯物》，第286页。

机或乘船，都能享受到你的里程"①，这种任性的"跳来跳去"出于最浅层次的情感主义。而一旦开始享受旅程，深入进去，时间便不再是问题。

然而，倘若旅程中总是充满快乐，也不一定是好现象。长青哲学家注意到，南传佛教将修行分为四个层级：最上乘的修行，已无乐感（包括精神上的快乐），修行者只管修行，已忘掉肉体与心灵的感觉，忘掉了自身的存在；次一等则感到些微肉体的快乐；再次一等则是在修行时同时感到肉体与精神的快乐；最下一个层次则是既无思想也无好奇心，因循旧制遵从仪轨，老实而麻木。也就是说，四个层级中，最高的层级是：只管修行，不计其他。按照这种认识，修行中总是身心欢喜踊跃，最多算较低的层次。在修行的某一个阶段，人开始发现自己非常渺小，同时开始觉得佛、梵、神或上师、师父无边光辉而真实，"你好像是在看一场迷人的电影，情节是那么扣人心弦，以致你成为其中的一部分。这时你没了，电影院、椅子、观众，以及坐在你身旁的朋友，也没了；唯一存在的就是电影"，秋阳·创巴称这一时期为"蜜月期"，"于此期间一切都被视为上师这位中心人物的一部分，你只是一个毫无用处、微不足道的人，在不断接受这位伟大、迷人的中心人物的喂养。你一觉得虚弱、疲倦或厌烦，就去电影院；只要往那儿一坐，便能得到娱乐、振奋而返老还童"②。这种感觉比较像

---

① 〔日〕铃木俊隆：《禅者的初心》2，第50页。
② 秋阳·创巴仁波切：《突破修道上的唯物》，第69页。

恋爱，但甜蜜的恋爱期无法持久，热情早晚会消退，而必须面对自己的生活处境和身心状态。一如会经历甜蜜与自信一样，修行途中，内心也必然会经历无端的沮丧和挫败感，而深刻的沮丧感往往是出现在蜜月期之后，但是既然已有过美妙的甜蜜经验，接受自己的沮丧就不那么容易了，"每当沮丧可能出现，有所失的感觉即将生起之时，'我'的自卫本性立即让我们想起过去之事或过去所听到的话，使我们获得安慰"①，我们根本不敢让沮丧出现，因而我们陷入更加复杂的自欺之中，长青哲学家称之为难以跳出的"情感主义的怪圈"。

情感主义不只表现为"耽乐"，有时还表现为"耽苦"，许多苦行者似乎热衷于严苛地对待身体。长青哲学家注意到，在某些方面，"苦行者往往要比不苦行者糟糕得多，这种例子在历史、文学和描述心理学中比比皆是。于是，清教徒在修习谨慎、坚毅、节制、贞洁等基本美德的同时可能依然是个坏人；因为在许多情况下，与他的这些美德相伴随而且实际上与之有因果关联的是傲慢、嫉妒、易怒等罪过，以及有时近乎残忍的严苛。清教徒误把手段当目的，因自己的坚忍苦行而设想自己是神圣的。但坚忍苦行不过是以牺牲不太值得赞扬的方面为代价，提高了自我更值得赞扬的方面罢了"②。长青哲学家反对过分苛责身体，因为它们可能危害健康，而如果没有健康，就很难像灵性生命要求的那样平

①　秋阳·创巴仁波切：《突破修道上的唯物》，第69页。
②　〔英〕阿尔道斯·赫胥黎：《长青哲学》，第128—129页。

稳持久地用功；此外，苛责身体是艰难、痛苦和惹人注目的，因此容易诱发虚荣，激起争强好胜的竞争精神。"'当你陷入身体的苦行时，你很了不起，你值得钦佩'，苏索这样描写自己的经验——就像许多个世纪以前乔达摩佛陀那样，这些经验引导他放弃了身体的苦行。而圣特蕾莎则指出，对自己施以苦行要比带着耐心、爱和谦卑忍受日常家庭生活容易太多（顺便说一句，日常生活并未妨碍她修习这种最为痛苦的自我折磨，直到生命最后一刻。我们无法确定，这些苦行是否真的有助于她达到对神的合一认识，或者是否因为有助于发展神通力而被珍视和坚持）。"[①] 赫胥黎引用让-皮埃尔·加缪的话说："我们亲爱的圣徒（圣弗朗索瓦）不赞成过度禁食。他过去常说，灵性无法忍受身体吃得太饱，但若饥肠辘辘，身体也无法忍受灵性。"[②] 过分热衷身体上的苦行，其实是为建立一种自我神圣感，在这种神圣感中自我陶醉，喂养自我幽微的情感需求。"消除自我意志、自我利益以及以自我为中心的思考、希求和想象的苦行是最好的。极端严苛地对待身体似乎达不到这种苦行。"[③] 佛教的慈悲也是情感的流露，却因无我与敞开而超越了自恋和封闭的情感主义，"你不必觉得自己有悲心。感情之悲和悲心之悲的区别在此：你不一定感到悲心的存在——你即是悲心。通常，你若敞开，悲心自生，因为那时你不

---

① 〔英〕阿尔道斯·赫胥黎：《长青哲学》，第130—131页。
② 同上书，第131页。
③ 同上书，第132—133页。

再耽迷于某种自私之念"①。

怀旧与理想主义

长青哲学注意到，许多宗教人士怀有强烈的怀旧之情，追思过去的经验，从记忆中获得乐趣。而事实上，从记忆中，我们所看到的并非真正的过去，而不过是现在对过去的追溯；而从预期中，我们所看到的也并非真正的未来，那不过是现在对未来的想象。罗素说："过去和未来都只能作为现在来加以思考，'过去'必须与记忆一致，'未来'则与期望一致，而记忆与期望全都是现在的事实'。"②而人的心理机制是，宁愿讲过去的故事，而不愿当下去体验。事实上，沉湎于过去，乃是沉湎于有选择的记忆中的过去，这容易形成一种自欺；这种自欺，老是把过去的经验重提，冒充现有。吊诡的是，倘若想要真正活在当下、经验实相，我们须不去评估那灵光一闪有多美妙，因为让那种美妙经验远离你的，正是忆念以及忆念带来的评估。如果我们一直活在对实相的经验里，便会觉得它很平常，而平常往往是我们所不愿接受的。像这样，要么忙于追求理想，寄望未来，要么沉湎于过去的美好，心念如奔腾的野马，驰逐不歇——人希求非凡之物，这一弱点如此普遍而深入。事实上，我们原本并不需要获得什么特别的心灵状态，"当你想要获得什么，心就会游荡到别的地方；当你没有想要获得什么，你会拥有的，就是此时此地的身体与心灵"③。长

---

① 秋阳·创巴仁波切：《突破修道上的唯物》，第144页。
② 〔美〕肯·威尔伯：《意识光谱》，第96页。
③ 同上书，第26页。

青哲学的倡导者认为,永恒是没有时间的永恒,正如无限无大小、无尺寸、无空间。时间和空间是无法被抛弃的,理由很充分,因为从神圣本原的角度看,它们本不存在。我们所能意识到的唯一的时间只有当下,而这当下,包含了记忆中的过去和期待中的未来。我们必须面对现实,当下体验,不要再想往哪里去,"既不要再想离开什么,也不要再想奔向什么,因为二者相同,是一回事"①。在心灵的探索之路上,有句瑜伽勇士箴言这样说:来的让它来,走的让它走,我们什么都不需要。

长青哲学家察觉到,新教革命暗示了一种新的历史意识,它所要求的是一种以时间性和不可逆的变化为基础的线性观点;而长青哲学所代表的神秘主义传统,则倾向于一种不生不灭、和谐美妙的空间性观点。有人指斥神秘主义传统有一大缺点,是其有逃避历史责任,并向着永恒进行仓促冒险的倾向。对此,肯·威尔伯回应道,这种指斥是难以成立的,"因为真正的神秘主义者并不逃避历史,而只是拒绝受其束缚而已。这两者之间的区别是极大的,而且这也是假冒的和纯粹的神秘主义之间的区别。实际上,我们可以辩称,神秘主义者本身就是不逃避'当下'的实相之人,因此他本身就能够看穿历史的真正背景"②。当下这一刻,即含过去的全部和未来的走向,"因为一切全在这儿,所以我们不必到别处去找答案来证明我们过去是谁、现在是谁

---

① 秋阳·创巴仁波切:《突破修道上的唯物》,第100页。
② 〔美〕肯·威尔伯:《意识光谱》,第109页。

或未来可能是谁"，我们一想要揭开过去，那么现在"就卷入了雄心和奋斗，而不能如实接受当下的一刻"，而事实上，"这是非常懦弱的做法"[①]。

人因为拥有推理能力和作为推理工具的语言，从而既能活在现在，也能充满怀旧或感伤地活在过去，又能怀着忧虑或希望地活在将来。然而无论苏菲导师还是天主教神秘主义者，皆提醒人对所谓"过去"与"未来"保持警觉："过去和未来把神从我们的视野中遮蔽；用火烧尽它们。你还要像芦苇一样被这些断片隔开吗？只要芦苇是被隔开的，它就不通晓奥秘，嘴唇和气息也不能使它发声"，"清空记忆的好处虽然不及合一状态那么大，但因它不仅将灵魂带离缺陷和罪，还带离诸多悔恨、痛楚与悲伤，因此实际上是一种大善"[②]。赫胥黎综合各家后得出结论，"当下这一刻是灵魂从时间进入永恒的唯一孔径，经由这一通道，恩典可以从永恒进入灵魂，爱可以从一个时间中的灵魂进入另一个时间中的灵魂。这就是为什么苏菲派和同路的长青哲学倡导者都是当下之子或试图成为当下之子的原因"[③]。

长青哲学家还注意到，许多人在修行中容易流于理想主义，先定出一个理想或目标，然后全力以赴以求达成，看似坦坦正途，其实恰成乖谬。细细分析，太过理想主义，乃是一种贪念的作用，

---

① 秋阳·创巴仁波切：《突破修道上的唯物》，第 120 页。
② 前为鲁米语，后为圣十字约翰语。见〔英〕阿尔道斯·赫胥黎《长青哲学》，第 240 页。
③ 〔英〕阿尔道斯·赫胥黎：《长青哲学》，第 240 页。

是我执重的表现，一有贪念，人便有得失的计算，贪婪与恐惧潜伏其中，令人远离修行的初心。其次，太理想主义，眼睛总是盯着前面，就会为未来而牺牲掉现在；即便一个理想达成了，心念又会制造出另一个理想和目标，如此永远陷在追逐中，永难安住与契入本来。此外，修行时太过理想主义，很容易气馁。太过理想主义，看似胸有大志、勇猛精进，其实南辕北辙，已远离清净之心；在修行中，过度的理想主义容易造就宗教狂，宗教狂"老是想要合乎某一理想的典范，他们企图赢得人心，而所采取的方法是表现得非常热烈和激昂，好像他们是纯净、纯善"①，但事实上，企图证明自己神圣、良善，就表示内心有所恐惧。在这条路上，无须证明什么，脚踏实地，如赵州从谂老和尚般，仅剩一颗牙齿时，吃米但"粒粒咬着"，也正如楼宇烈先生常常举倡的，"做本分事，持平常心，成自在人"。

打坐是禅修的重要形式，然而，"这些形式不是获得正确心灵状态的手段，采取这些姿势本身就是正确的心灵状态"②。道元禅师说："坐佛即是作佛。"许多人误以为禅修是专注于某一特殊目标，制心一处，"修此法者，选择一物作为注视、思考或观想的对象，然后把注意力全部集中在上面；这样做，他会勉强产生某种内心的平静"，秋阳·创巴却把这种修法称为"头脑体操"，因为"它并不想处理任何一种人生实况的整体；它全然是基于此

---

① 秋阳·创巴仁波切：《突破修道上的唯物》，第 74 页。
② 〔美〕肯·威尔伯：《意识光谱》，第 26 页。

或基于彼，基于有主有客，而未能超越二元对立的人生观"①。毋庸讳言，"集中注意力的修法大部分是在巩固'我'，虽非故意如此，但修者还是会因心中有一特定目标和对象，而容易变得集中于'心'。我们从专注一朵花、一块石头或一个火焰开始修；我们目不转睛地看着他，但在精神上我们是尽量进入内心。我们想要加强所观形色的坚实面，加强其稳定性和静止性，到头来，这种修法可能是危险的——靠着自己的意志力去修，会令我们内向，以致变得太严肃、太刻板、太僵硬"②。修行者的本心，原应是解脱自在、活泼敞开的，然而事实上，集中注意力的修法并不能增进自在与敞开，它太过沉闷，易变成教条，类似于某种强迫性的自律，使人失去活泼和幽默感。不自觉间，修行者容易给自己又添一层枷锁，即认为自己必须非常认真严肃，从而造成一种竞争心态，以为越禁闭自心，就越成功——而事实上，这是甚为偏颇、专断、独裁的看法和做法。从本质上来看，这种心理状态乃是寄望于理想和未来，"这种老是专注未来的思想方式是'我'的习惯：'我想看到如此这般的成果。我有个理想和梦想要实现。'我们想要生活在未来，我们的人生观有着期望达成某一理想目标的色彩"。③ 而这样寄望于未来，我们便失去了当下就能有的精确、敞开和明智，我们被理想化的目标迷昏了头、迷瞎了眼，跟着它走，渐渐身不由己。真正有效的修行，应以当事人和当下的关系

---

① 秋阳·创巴仁波切：《突破修道上的唯物》，第201页。

② 同上书，第202页。

③ 同上。

为基础，而非游移于理想、未来或记忆的八荒之外。人应该做的是，什么事情现前，就做什么事情，并且好好做它、圆满它。

如上，贪恋神通或超能力，有意无意地陷入情感主义、理想主义或怀旧情结——长青哲学家又指出如上这些修行路上的陷阱，我们将它们归结为"耽溺境界"型。无可否认，拥有神通或超能力、生出甜蜜感或苦行"神圣感"，以及怀恋美好过去或畅想理想未来，这都是某种让人愉悦的境界，这些境界在一定程度上是美好的，因而令人眷恋、不愿舍弃；但在长青哲学家看来，这种境界最多算与本原合一之途的半路上的小风景。多少人在追寻大道的途中，因这半路风景而忘失初心，最终得少为足、半路为家，无怪乎禅宗祖师如是拈提："荆棘丛中下脚易，明月帘下转身难。"（憨山德清语）

第四章　宗教观与宗教研究方法

宗教囊括什么？伟大的圣哲，海量的信徒，浩瀚的文献，林立的组织，繁复的仪轨，丰富的民俗，多彩的艺术……如是，洋洋大观，不一而足。而宗教的核心是什么？换句话说，真正的宗教源于什么？休斯顿·史密斯认为源于人对生命之琐碎无聊的觉知与绝望，即人与生俱来追求更高的意义，拥有对超越性的渴望，真正的宗教"开始于超越自我中心去追求意义和价值"[①]，用赫胥黎的话说就是"希求灵性或解脱"，因之他称《奥义书》的作者、苏格拉底、佛陀、圣伯尔纳等为"灵性生命大师"。宗教修行在西方语境中义称"灵修"（spiritual practice），长青哲学的倡导者注意到，"有些灵修者在灵性生命上蒸蒸日上，有些进行同样的修炼却裹足不前。认为灵修一定有助于或能保证开悟，这纯属盲目崇拜和迷信；而完全忽视灵修，拒绝弄清它是否并以何种方

---

① 〔美〕休斯顿·史密斯：《人的宗教》，第20页。

式有助于我们实现最终目的，则不过是故步自封和甘于蒙昧"①。
长青哲学从人的宗教性出发来看待世界各大宗教，展示出富有启
迪意义的独特宗教观和宗教探讨方法。

第一节　长青哲学的宗教观

一、灵性的、鲜活的宗教与人文宗教

综观长青哲学考察的宗教形式，我们发现，从基督教神秘
主义到伊斯兰教苏菲派，从印度吠檀多学派到中国的道家与禅
宗，长青哲学所瞩目的，都是致力于超越自我中心的灵性宗教
或说宗教中的灵性部分；可以说，在某种意义上，长青哲学力
图把各宗教中最精要的部分挑选出，将它们置于相同主题下来
建立对话场域，借此使每一种信仰中的灵性部分透显，从而昭
示各宗教在形上领域揭示的真理，探触人性深处共通的灵性水
源。休斯顿称自己"竭尽所能追随最令人印象深刻的信徒本
身之所见，来使每一种信仰中最好的部分透显出来"②；赫胥黎
则指出，长青哲学的倡导者致力脱离"灵性无知"并合于自身
的"灵性运作"，甚至在不同层次上"体验过灵性生活及其伴
生品"③。而礼拜、圣事和仪式的价值，不过在于"提醒当事人

---

①　〔英〕阿尔道斯·赫胥黎：《长青哲学》，第352页。
②　〔美〕休斯顿·史密斯：《人的宗教》，第5—6页。
③　〔英〕阿尔道斯·赫胥黎：《长青哲学》，第336页。

万物的真正本性，提醒他们自身与世界及其神圣本原应该是而且（只要他们顺从内在而超越的灵性）实际上是什么关系"①。可以说，长青哲学关心的宗教部分属于一个比较干净纯粹的面向，即宗教中知行合一的智慧传统，亦即致力于帮助人获取灵性生命的果实，从这个意义上说，长青哲学视角下的宗教是一种**"灵性的宗教"**。从宗教的灵性角度来看人生和世界，获得的认识可说别具发人深省的慧眼，赫胥黎援引达尔文为例，达尔文晚年写给胡克（Hooker）的一封信中说，"如我这般完全沉浸于自己的学科，是受诅咒的恶"。赫胥黎这样分析道，之所以是恶，乃是因为"这种专注可能会导致心灵除一面之外或多或少完全退化。达尔文本人写道，他晚年无法对诗歌、艺术或宗教生起丝毫兴趣"，他本人为此也觉得可悲。对此，赫胥黎不无遗憾地评述道："一个人在他选择的专业领域可能驾轻就熟，但对于神和邻人，他在灵性上、有时甚至在道德上可能只是个胎儿。"②

同时，长青哲学语境下的宗教乃是一种**"活的宗教"**，用威廉·詹姆士的话说，不是以宗教为一项呆板的习惯，而是为一种敏锐的热诚。长青哲学的倡导者观察到，"当宗教获得生命时，它就展现出惊人的品质。它会接管一切。其他的一切，即便是没有沉寂下来，也被迫屈居于辅助的角色"，而所谓"活的宗教"，乃是活生生的、经验性的，"只有呈现出（不论在多小程度上）取

---

① 〔英〕阿尔道斯·赫胥黎:《长青哲学》，第338页。
② 同上书，第382页。

得了灵性果实，才能说服别人灵性生命值得活"①。赫胥黎引述庄子的话，"古之至人，先存诸己，而后存诸人"（《庄子·人间世》），而后发问："倘若我们自身未曾瞥见神圣日光并浴乎其中，又何能去除别人眼中之尘？"②一如在其他领域，在宗教上，许多时候，人们盲目行动的冲动，可能远胜于妥善行动的能力，而只有具备妥善行动的能力，宗教才是鲜活的、现前的，而非仅是理论的、教条的。谈及那些不愿沉思静观的冒进行动者，圣十字约翰设问后自答："其功几何？微乎其微，时则徒劳无益，甚至贻害。"③在心灵修养一事上，"收支必须平衡"，"不仅经济上应如此，生理、思想、道德与精神上亦然"；因为，"只有通过食物为身体摄取燃料，我们才能起用体能；只有阅读吸收贤者言教，我们才能言之有物"，而"只有时时接受万物神性的引领，我们才能正确而有效地行动"。倘若我们"要想分享一朝风月，必须先有万古长空。而要想拥有万古长空，我们必须至少拿出一点时间静静等待。这意味着，用灵性收入平衡道德支出的生活必须动静有时、语默有时"。"活的宗教"是拥有巨大力量和现实意义的，它"以生命所能提供的最重大的选择，来加于个人身上。它感召灵魂去参与最高的探险，去跨越人类精神的丛林、山巅和沙漠"，而这项感召不是为了别的，恰是要"面对真实，主宰自己"④。

---

① 〔英〕阿尔道斯·赫胥黎：《长青哲学》，第179页。

② 同上书，第384页。

③ 同上。

④ 〔美〕休斯顿·史密斯：《人的宗教》，第9页。

再者，因为宗教面对的是"人的心灵"这一人类生存中最重要者，因而，"在宗教领域中，当一个孤单的精神成功地突破，有了重要的成果，它就变得远不止是成王成后了。它竟成为世界的救主。它的力量延伸数千年之久，赐福与多少世纪以来纠缠的历史进程。'谁是这一代人类最伟大的恩人？'汤因比问道，'我会说：孔子和老子，佛陀，以色列和犹太的先知们，琐罗亚斯德，耶稣，穆罕默德和苏格拉底'"①。休斯顿·史密斯无疑深深认同汤因比的回答，因为"真正的宗教是最畅通的管道，让宇宙生生不息的能量通过它得以进入人的生命"，休斯顿始终努力让自己"不要忘记这些（宗教研究）材料对于今日人类问题的相关性"，这种高处、活处着眼的宗教研究，开启的是"一个通贯时空与永恒的旅程"，"去的地方往往是遥远的，时间是远古的，内容乃是超越时空的"②。休斯顿倡导我们做两件事："第一，我们需明白，那些信奉各宗教的人们，跟我们面对的是相似的问题；第二，我们须从自己的心智中，去除让我们迟钝或固必的先入之见。"③宗教塑造人，人也塑造宗教，长青哲学的倡导者提醒我们，承认以下这个事实会是明智的："如果过分强调审判者基督的严厉，人们就会感到需要以一种新的形式将神的慈爱人格化，结果便是圣母从女中保到唯一中保（mediatrix to the mediator）的形象日益突出。随着时间的推移，当人们感觉天后太令人敬畏时，慈爱

---

①　〔美〕休斯顿·史密斯：《人的宗教》，第9页。

②　同上书，第10页。

③　同上书，第11页。

又在圣约瑟的平凡形象中被重新人格化，他遂从中保到女中保再到唯一中保。同样，佛教徒感到历史上的释迦牟尼坚持以冷静、明辨、死尽自我为主要解脱之道太过严格和理智，结果，释迦牟尼佛谆谆教诲的爱和慈悲渐渐在阿弥陀佛、弥勒佛等佛身上被人格化——神圣特征完全从历史中移除，因为他们的世间事业处于遥远的过去或未来。这里也许可以说，大乘神学家谈到的无量无边的佛菩萨与其宇宙论的浩瀚很相称。对他们来说，时间是无始的，无数个宇宙成、住、坏、空，其中每一个宇宙都支持着各种众生重复同样的轮回，直到经过不可思议的久远劫数达到最后的完满，所有世界一切众生都从时间中解脱出来，进入永恒的真如或成佛。"[1] 从这个角度来说，长青哲学语境下的宗教又是"**人文宗教**"，人文立本，本立而道生。赵州从谂禅师如是拈提："未有世界，早有此性。世界坏时，此性不坏。一从见老僧后，更不是别人，只是个主人公。"[2] 悟证老和尚信笔写道："当你离开这个世界的时候，你才会知道，不是你死了，而是这个世界灭了。"[3] 基督教修士大卫见之即会心按语："麦子收割后，存在窖里，春天来时又回到田里长起来。"[4]

犹太大拉比希勒尔（Hillel）对聚集在圣殿中的人群说的："如果我在这里，所有人都在这里。如果我不在这里，所有人就

---

① 〔英〕阿尔道斯·赫胥黎：《长青哲学》，第 72—73 页。

② 〔宋〕普济著，苏渊雷点校：《五灯会元》上册卷第四，第 201 页。

③ 录自老和尚写的一张书法作品。草香庐藏。

④ 见大卫和本书作者的通信。

都不在。"① 这让人联想起关于心学家王阳明的一则经典记录："先生游南镇，一友指岩中花树问曰：'天下无心外之物，如此花树，在深山中，自开自落，于我心亦何相关？'先生云：'尔未看此花时，此花与尔心同归于寂。尔来看此花时，则此花颜色，一时明白起来，便知此花，不在尔的心外。'"（王阳明《传习录》）再看悉达多太子的"天上天下，唯我独尊"，我们会发现，这三处时地迥异的言教有共同的指向，即指出"人"的重要、"自心"的重要，倘忽视或避开了"人"，宗教便失去了深致感动的力量，在历史上不能留下任何印记。沿着这条思路，我们或可给宗教这样一个定义：宗教是诸多圣者的故事，但其最大的意义（如果不是唯一）在于听故事的人。

值得一提的是，长青哲学视域下的宗教性人格，并非仅存于各宗教传统的神职人员或门徒身上，真正的思想家、艺术家、科学家等智识创造者在某种程度上甚至在很高程度上皆具有宗教性，赫胥黎称这些人为"广义的静观者"。他认为，这一人群孜孜不倦地致力于人类心灵和世界本质的探索，对社群乃至整个人类的福祉而言，其功甚伟，是以社会应采取适当措施支持、尊敬和保护这些"**静观者**"，为他们的探索提供保障条件。赫胥黎指出，世上最具原创性和最富成果的思想，有许多是体格羸弱、性情不合时宜者提出来的；当然，这种说法可能部分因为位居智识创造者之列的赫胥黎本人终生健康状况欠佳，但无法否认它也道出了

① 〔英〕阿尔道斯·赫胥黎：《长青哲学》，第 26 页。

某个事实，想一想霍金、贝多芬、师旷等，便发现这一现象确实并非个案，而即便没有身体官能的障碍或残缺，纯粹的思想家、艺术家、科学家等智识创造者也往往比一般社会人更为单纯而不擅交际营为。因此之故，"由于世界各地都已经或多或少清晰地认识到了纯粹思想的价值（无论是分析的还是整体的），每个文明社会——无论过去还是现在——都会为思想者提供一定程度的保障，以减轻社会生活为其带来的日常负担和压力。隐居所、修道院、大学、学院和实验室，讨饭碗、捐赠、赞助和纳税人的税款，这些都是用以保护难得稀有之人（宗教、哲学、艺术或科学上的静观者）的主要手段"①，"难得稀有之人"受到妥善保护和安置，整个社会人心就安顿清明。早在1916年，二十二岁的赫胥黎就初步意识到这个问题，他写信给哥哥朱利安说："让具有独立和高尚精神的人过这种生活（书斋中的学者生活），它就是一种最充实、最好的生活……我愿意永远过学习的生活。我渴望知识，包括理论和经验的知识。"②而如果生存条件过于艰苦，没有相应的支持和保护，这些天资卓越的静观者就不得不独自面对生存搏斗和社会竞争，要么蹉跎早逝，要么为维持生计而疲于奔命，没有精力持续探索精神领域。赫胥黎1925年周游印度时不断深化自己的认识，意识到自己之所以能够沉浸于自由思考，是因为出生在一个独立、富裕且强大的国家中掌权的上层中产阶级家庭，他严肃地说："如果我在印度出生，在伦敦的贫民窟长大，我

① 〔英〕阿尔道斯·赫胥黎：《长青哲学》，第29页。
② 〔英〕N.默里：《赫胥黎传》，第72页。

不大可能会得出这么富于哲学性的一种不确定的判断了。"[1]中国俗谚云"无财不养道",体道一需衣食无忧,二要闲暇从容,从这个角度看,印度的种姓制度也并非一无是处。"如果社会不仅是复杂的而且是善的,如果它是明智的、鼓舞的而又有效的,在行政人员之上必然会有第四个阶级——其所重者在受人尊敬上而不在薪酬上,因为这一阶级的界定的标记就在于它对财富和权力的无动于衷",它在古印度被称作"婆罗门",在现代社会则包括了宗教领袖、教师、哲学家和艺术家等,"他们乃是社群的眼睛","正如头(行政人员)安放在身体(劳工和技工)上,眼睛安放在头上",原则上,这一代表了社会眼目的最高阶层应是明智而圣洁的,有足够的意志力来对抗自我中心和外在诱惑,因而具有心灵意义上的宗教性,而不论他们有无专门的神职工作或名头。他们之所以受尊重,是因为他们为其他人昭显或开示真理,并比其他阶层更具自律精神。这一阶层需要受到适宜的保护,以免卷入各种熙熙攘攘的干扰和遮蔽心灵的俗务中,"正如领航人不能去做划船和锅炉的工作,是为了寻找星星不使船只迷失方向"[2]。

　　静观者应受到世俗权力的尊敬和保护,但自身最好不介入这权力网。长青哲学的倡导者认为,柏拉图哲人王的理想国是不切实际的,因为当静观者掌握社会权力,就面临着腐化的危险,在这一点上,应该说长青哲学的精神气质相当"印度"。"因为世俗权力置其使用者于压力和引诱之下,在某一程度下折射了判断

---

① 〔英〕N. 默里:《赫胥黎传》,第 12 页。

② 〔美〕休斯顿·史密斯:《人的宗教》,第 58 页。

以致扭曲了它。见者①的角色不是制裁而是给予劝告，不是驾驶而是指路”，一如罗盘的指针，应善加爱护，使其准确地指明方向，为船只引航，婆罗门（广义而言，指一切静观者）也应受到适宜的保护，以“指示出生命的意义和目的所在的真正的北方，筹划出文明前进的道路”②。加扎利也表达了类似的观点，他提出，“神秘主义者不仅是我们认识灵魂及其能力和缺陷的终极来源，而且也是人类社会的防腐剂。他写道：‘在哲人时代和任何其他时代，都存在某些热诚的神秘主义者。神不会将他们抽离这个世界，因为他们维系着世界。’是他们，死去自我从而得享永恒灵明，并成为管道，神的恩典经由他们流向那些无法触及圣灵的未得新生者”③。

二、会通之视角

如赫胥黎所说，“长青哲学”作为古往今来所有宗教中的“最大公因子”，其要旨久远而普遍：在形而上学上，它认识到万物、生命与心灵的大千世界背后有一种神圣实在；在心理学上，它“在灵魂中发现了某种类似于甚至等同于神圣实在的东西；在伦理学上，它认为人的最终目的在于认识万物内在而超越的本原。因而，“长青哲学的雏形散见于世界各地原始民族的传统学问，其充分发展的样貌则可见于每一种高级宗教”④。前文曾述，

---

① seer，通常译作“仙人”，指修行人。
② 〔美〕休斯顿·史密斯：《人的宗教》，第59页。
③ 〔英〕阿尔道斯·赫胥黎：《长青哲学》，第385页。
④ 同上书，第1页。

赫胥黎《长青哲学》一书集中地呈现了长青哲学这一传统的思想样貌，借由此书，我们可较为清晰地了解到长青哲学传统如何考察、融汇大量信仰形式中的精神信仰，并解释它们如何统一在人类追求超越这一共同愿望中。可以明显看到，长青哲学在自身的鲜明主旨之下，对于世界各宗教采取的是一种"在本质上会通"的视角。所谓的"在本质上会通"，指的是尊重和珍视各宗教传统的特殊文化气质和话语范式，而试图透过语言和文化层次来会通其根本精神和心灵指向。长青哲学对待世界各宗教的视角和态度，或可借用人类学家费孝通先生的这句箴言来表达，那就是，宗教之间应"各美其美，美人之美"，如此，则"美美与共，天下大同"。

在宗教间的关系上，休斯顿·史密斯归结出较有代表性的三种立场：第一种主张某一宗教优于其他宗教；第二种主张宗教大同；第三种主张容许宗教之间颇大的差异，而并不宣判他们的价值高下，认为世上的人"在气质上各有不同，这些不同就很可能影响到精神对他们显现的方式"，其实这些方式代表了不同的角度，用某种"神启"的语言来说便是："要**神**的启示就必须以个别听者的方言来表述。《古兰经》在14:4中所讲的几乎就是这个意思：'我派出的使者都是会说他人语言的人，这样他就可以为他们（把信息）说清楚。'"[1]长青哲学看待各宗教的方式是典型的第三种立场。在这种立场下，长青哲学认为，宗教之间应互相了

---

[1]　〔美〕休斯顿·史密斯：《人的宗教》，第364—365页。

解，首先要相互聆听，因时代要求如此，交通通信日益发达，世界日渐缩小逼仄，聆听和了解是和平的唯一出路。甚至可以说，那些聆听者"是在为和平而努力，一种建筑在了解和相互关怀上的和平，而不是宗教的或政治的霸权上的和平"，因为，"至少在如人类如此伟大信仰的固有高贵领域中，了解带来尊重；而尊重为'爱'这个更高的力量，作出了准备。'爱'，这唯一能熄灭恐惧、疑心和偏见的力量，它也能提供给这渺小而珍贵的地球上的人们，可以彼此成为'一'的方法"①。专注而用心地彼此倾听，带来真正的博大与深刻，在人如此，宗教亦然，"必须深刻而注意地倾听别人，就如同我们希望他们会这样倾听我们一样"，休斯顿说，默尔顿（Thomas Merton）认为，神在如下三个地方向我们说话：在经文中，在我们最深处，在陌生人的声音中，"我们必须有接受以及给予的雅量，因为再也没有比只说而不听更能把他人非人化的了"。②耶稣教导"希望别人如何待你，你就要如何待人"，佛教提倡"悲智双运""恒顺众生"，孔子主张"己欲立而立人，己欲达而达人""己所不欲，勿施于人"。

长青哲学关注人与世界背后的"神圣本原"，认为这一"神圣本原"是普遍存在的，人们从各个宗教的立场出发，用各个语种反复谈论这一亘古长青的主题"③。因而，长青哲学并非自行建立了一个新的宗教信仰体系，而是以人类与世界共通共同的"神

---

① 〔美〕休斯顿·史密斯：《人的宗教》，第 369 页。
② 同上书，第 370 页。
③ 〔英〕阿尔道斯·赫胥黎：《长青哲学》，第 1 页。

圣本原"为标的，采取会通的视角来看待世界各宗教，因此，赫胥黎频繁使用"长青哲学的印度教和佛教版本""长青哲学的佛教和印度教表述""长青哲学的道家表述""在印度和远东的长青哲学表述中""某些长青哲学学说的粗糙表述""长青哲学的所有伟大宗教表述""和长青哲学的所有其他表述一样，《薄伽梵歌》……""最出色的大乘经典都包含着对长青哲学的真正表述"等诸如此类的说法。换句话说，在长青哲学视域下，世界各宗教的关系可用《吠陀经》里的一句话来阐明："真理只有一个，圣者以各种名字称呼它。"[①]这句话屡次被神话学大师约瑟夫·坎贝尔征引，作为其观点的注脚，而坎贝尔向来以神话学领域的长青哲学家自诩；长青哲学综合历史中的永恒真理，成为了坎贝尔生命中的燃点[②]，透过神话贯通科学与宗教、心灵与身体、东方与西方，则成为坎贝尔毕生的志业。

在尊重和聆听每一宗教的基础上，会通的视角为宗教间的深度对话架起了桥梁。应该说，这种"在本质上会通"的尝试是大有意义的，能增进我们对宗教实质的了解，也能帮助我们更深入地解读某些文化现象。譬如，庄子这样讲修证次第："三日，而后能外天下；已外天下矣，吾又守之七日，而后能外物；已外物矣，吾又守之九日，而后能外生；已外生矣，而后能朝彻；朝彻而后能见独，见独而后能无古今，无古今而后能入于不死不生。"（《庄子·大宗师》）这几乎和禅宗的"渐修顿悟"如出一辙，"朝

---

① 〔美〕菲尔·柯西诺主编:《英雄的旅程》，第5页。
② 同上。

彻"对应禅宗的"明心见性","见独"对应禅宗的"绝待","不死不生"对应禅宗的"不生不灭"。这种对应不禁令人惶惑：这究竟是道家思想还是禅宗修证？为何如此契合？古时佛道相争，有佛教徒说庄子是佛弟子的化生，当然也有道家一脉的"老子化胡说""庄子化胡说"，这些说法因多被目为好事者的杜撰而不受学界重视，但我们借此可以看出，至少在思想上有彼此契合处，才会有此种"化生"说之滥觞[①]。

　　深处会通视角似乎是诸多大思想家或哲学宗教流派的共同趋向。譬如中国近代思想家章太炎（1869—1936），其哲学论集《菿汉微言》共收短论 167 则，涉及古今中外哲学学说，其中大量篇幅论述佛教唯识宗哲理，并与孔子、庄子思想互相参证，认为"文、孔、老、庄是为域中四圣，冥会华梵，皆大乘菩萨也"；反对以今废古、以西贬中，主张"凡古近政俗之消息，社会都野之情状，华梵圣哲之义谛，东西学人之所说"，都应平等相视、融为一体。再如 19 世纪后半叶西藏兴起的"利美运动"，由宁玛派的蒋扬钦哲旺波、噶举派的蒋贡康楚、格鲁派的图登曲吉扎巴、萨迦派的沃罗爹旺波等诸位藏传佛教上师所倡，主张在佛教教义研究上"无宗派""无偏见"，强调信徒不须放弃本来的教派或修学重点，而应同等尊重所有其他教派的喇嘛和教义，因此可以研究不同的教理、从事不同的修行，但修行道路须依一个传承系统才不致紊乱，等到根本证悟时自然会明白：各宗派在本质上完全相同，不

---

　　① 此处思考受兴南道人陈全林先生启发。

同只在于修行重点和善巧方便而已。1962 年的天主教大公会议，也在很大程度上体现了宗教对话和会通精神，会议提出的若干改革措施包括最重要的三个方向：其一，关注焦点上，从彼岸世界转变为现实世界；其二，传教方式上，开始强调本土化，尊重当地风俗，使用当地语言；其三，宗教态度上，申明各宗教平等，积极推进宗教对话。而中国的文化传统，似自来崇尚会通之视角，强调"一致百虑""殊途同归""心同理同""一以贯之"，"物一理也，通其意则无适而不可"（苏东坡语）；中国文化传统的主体儒释道三家，经历了长期的磨合，彼此互相影响、取长补短，最终变得"你中有我，我中有你"，同时又"我还是我，你还是你"，这种三足鼎立的格局可以说是文化交融和共同发展的典范。而这一格局的形成，或与中华民族涵容博大的精神品格相关。长青哲学倡导宗教深度对话、彼此取长补短，共同致力于人类觉性的提升，在这一点上与中国尚涵容的文化品格可谓相照两肝胆。

　　然而宗教间的深度会通和对话并非易事，因为各个宗教对于什么是根本的、什么是可商榷的，有着巨大的意见分歧，"印度教和佛教在这个问题上分裂，正如犹太教、基督教和伊斯兰教一样。堪培尔（Alexander Campbell）在 19 世纪基于新教各派共同接受《圣经》是信仰和组织的模范，企图搞大团结。他吃惊地发现，各教派的领袖并没有准备好让步，来承认他所提出的团结原则比他们个别不同的信条更为重要；他的运动结果是增加了另一个教派——'基督的门徒'"，休斯顿继而阐述，世界性规模的巴哈伊教也遭受到同样的命运，它"源自希望团结那些持有共同信仰的主要宗教,结果也变成众多教派中的另一教派"①。肯·威尔伯多次强调,"争论哪一种理论'最好'这个问题是个伪命题",因为不同理论对应的,是人类的不同意识层次②。对于东西方文明系统的差别,威尔伯用自己的意识光谱理论做出这样的阐释,"的确,从某些角度来看,东方和西方的理论的目标是一致的,因为任何光谱的带区总是在某种程度上与其他带区相重合,但是大部分东方途径的目标并非强化自我,而是完全而彻底地超越自我,以达到解脱(moksha)、绝对的美德(te)和开悟(satori)。这些途径能激发某一意识阶层,带来完全的自由和精神解放、解脱一切苦难的根源,可以平息我们最为之困惑的'实相'本质的问题,并且让我们不再对一个和平居所无休无止地追寻下去,并为此焦虑"③,西方途径的目标则在于"强化和实现自我",东方和西方的理论目标呈现出明显的区别,但是如果转念一想,也就不足为奇:因为目标的不同,根源于意识层次的不同。长青哲学的会通视角和威尔伯的整合视野给我们的启发是,若要统合不同形态的宗教和文化系统,需基于一个更高、更超脱、更根本,因而也更具包容性的精神立足点。

休斯顿在考察过世界各大宗教后,于《人的宗教》末章提出这样的问题:从这项探究中我们得到了什么?究竟有没有什么贡献?他认为,这项考察最大的意义在于,它促进了对如下三个重

---

① 〔美〕休斯顿·史密斯:《人的宗教》,第 364 页。
② 〔美〕肯·威尔伯:《意识光谱》,第 10 页。
③ 同上书,第 11 页。

要主题的思考：一、如何看待各宗教之间的关系？二、各宗教之间固然有差异，但它们是否不约而同想告诉世界些什么？它们在重要事务上，是否能有一致性的声音？三、在这个世界上，我们当如何自处？而在《长青哲学》一书中，我们看到赫胥黎在同样的主题下所进行的努力：他试图探明各大宗教的历史与文化背景而温和平等地看待每一个，在此基础上发掘不同宗教文献中的长青哲学维度，用理性的表达建立起一种长青宗教观与灵性世界观——他并非反对科学和理性研究，而是看到了人类心灵中科学和理性之外的另一个维度，认为须通过直接经验神圣本原的进路来延展、净化和激活人类的精神。在实质性的宗教对话和文化交流上，赫胥黎当会欣赏禅者铃木俊隆的态度和尝试。有人认为，西方文化与东方文化大异其趣，西方人很难了解东方思想、了解佛法。铃木俊隆这样说："佛法当然离不开它的文化背景，但是当一个日本僧人来到美国之后，他就不再是个日本人。"那么，沟通具体是怎样发生的呢？铃木对美国公众讲演道："我现在生活在你们的文化背景里面，跟你们吃几乎相同的食物，用你们的语言跟你们沟通。尽管各位也许并不完全了解我，我却想要了解各位，而且我对各位的了解，说不定比任何能说英语的人还要多。就算我完全不懂英语，我想我一样可以跟说英语的人沟通。只要我们是活在绝对漆黑的夜空中，只要是活在空性之中，那相互理解就总是可能的。"①

---

① 〔日〕铃木俊隆:《禅者的初心》，第124页。

第二节　宗教研究方法

一、寓言、神话与诗歌：诗性文本

关注形式和风格，有助于更好地理解其承载的思想内容。可以说，形式和风格本身，也构成一种语言，重要的是，研究者是否找到了解读这种语言的方法。正如在心理学领域，由于弗洛伊德的天才，梦境、呓语和幻觉等一度被视作荒诞的无意义的东西得到了正视和认真解读，从而拓宽了心理学的视域，大大增进了人类对意识领域的理解。可以说，梦境、呓语和幻觉等形式别样的心理学资料，在行家眼中，乃是一种十分真实深刻的语言，弥足珍贵。[1] 在谈及宗教文献形式的多样性时，宗教思想史家米尔恰·伊利亚德喜欢援引如上案例进行类比，他指出，任何一种文献，倘若没有被纳入恰当的意义体系并得到成功解读，其意义就必定模糊不清。[2] 可以说，宗教语言的独特性，在一定程度上呈现于文本形式，因而对宗教文本形式的关注和有效解读，或可构成一种宗教研究进路。

（一）《长青哲学》援引寓言举凡

引人深思的是，赫胥黎坦言《长青哲学》中鲜有职业文人和职业哲学家的东西，哲思与宗教性并非学者或职业修行人的专

---

[1] 〔美〕米尔恰·伊利亚德：《宗教思想史》第1卷，第9页。

[2] 同上书，第10页。

利。譬如，在庄子的世界里，一个劳动者，同时也可以是一个游戏者、一个哲人和宗教人，譬如粘知了的"承蜩"、解牛的"庖丁"、木匠"轮扁"等，这些身份、作务各不相同的人，本身都是达道者。[①]显而易见，这样的人，其言说和行状不会严整地拘于一格，即囿于条分缕析的"逻辑范儿"或庄严肃穆的"修行范儿"，此与这些达道者的职业和各色经历有关，也与他们要传达的"道"的"不可思议性"有关。于是，找到恰切的言说方式便十分关键，而既然离不开特殊的话语和思维范式，那就要有范式间的腾挪智慧和技巧，为这种别样的话语留下可能空间，既然"不可'直说'或命题化地刻画，那就'曲说'、'隐说'"[②]。神话、寓言即属于"曲说""隐说"之列，人们可以据这种譬喻性的呈现方式进行类推。

在论及人与自然的关系时，赫胥黎称述，自然本身有其神圣性，人不愿顺自然，而是骄傲自负、力图主宰自然，这是罪恶且愚蠢的。他引用庄子的一则寓言并做出阐释：

> 南海之帝为倏，北海之帝为忽，中央之帝为混沌。倏与忽时相与遇于浑沌之地，混沌待之甚善。倏与忽谋报混沌之德，曰："人皆有七窍，以视听食息，此独无有，尝试凿之。"日凿一窍，七日而混沌死。
>
> 　　　　　　　　　　　　　　　　　　（《庄子·应帝王》）

---

① 〔美〕米尔恰·伊利亚德：《宗教思想史》第 1 卷，第 11 页。

② 张祥龙语，见〔英〕阿尔道斯·赫胥黎：《长青哲学》，第 ix 页。

对这则寓言，赫胥黎的阐释不无现代性，他认为，在这篇巧妙的寓言中，"混沌"代表处于无为状态的自然，"倏"和"忽"则代表那些劳碌匆忙的现代人。这些忙碌的人，自认为可围牧造田改造自然，却导致荒漠化；自得于征服太空，却陷入狂妄和无知；大举砍伐森林提供新闻用纸，最后发现，庸俗杂志和各种主义的纸媒宣传泛滥。一言以蔽之，"倏"和"忽"所信奉的，乃是所谓的"进步主义"。而庄子及其所代表的道家，则完全无心胁迫自然以满足人急功近利的私欲，因为这些私欲与人类的终极目的是相悖的。那么，人类的终极目的是什么呢？用长青哲学的道家版本来表述，便是"达道"。赫胥黎指出，"庄子希望与自然合作造就物质和社会条件，以使人能从生理到精神的所有层面都臻于道"[1]。借重寓言的方式，庄子将大道融汇在故事中，娓娓道来，从而使人物的形象更加鲜明，愚蠢者更显愚蠢，荒唐者更显荒唐，逍遥者更显逍遥，其辞隐，其言微，其义大。此外，赫胥黎还引用了庄子"相忘江湖""文王观钓""醉者坠车""方舟济河""颜回心斋""庖丁解牛""舜问乎丞""梓庆为鐻""祝宗说彘"等诸多精妙的寓言，并一一进行了卓有兴味的阐发。寓言型文本具有微言大义的特质，给了赫胥黎广阔的评述和引申空间，予人深刻印象。

　　像庄子一样，伊斯兰教苏菲派祖师鲁米也是一位讲述寓言故事的高手，因此同样受到赫胥黎的青睐。鲁米曾这样讽刺权欲熏心的伪修行者：

---

　　[1] 〔英〕阿尔道斯·赫胥黎：《长青哲学》，第100页。

　　一日，高贵的易卜拉欣坐在他的宝座上，听到屋顶上呼喊嘈杂一片，还有沉重的脚步声。他自言自语："谁的脚这么重？"便从窗口喊道："谁在上面？"守卫们惶惑地低下头说："是我们在巡逻。"问："你们在找什么？"答："我们的骆驼。"问："谁会在屋顶上找骆驼？"答："我们在效法您啊，您寻求与神合一，却坐在宝座上。"①

　　这则小故事充满喜乐气息，令人忍俊不禁。在社会、道德和宗教诸领域，权力问题始终是一个棘手的现实问题。一个人在政治、经济或宗教上位置越高，其行使权力的机会和资源就越多。而热衷权力者，其嗜欲往往会随着位置的攀升持续增大，人心无尽蛇吞象，欲壑难填。赫胥黎评述道，权力欲是纯精神的，永不会知足，它顽强地潜滋暗长，不受疾病或老迈的影响；控制权力欲的规则制定起来容易，但付诸实践很难。因此，鲁米认为，"边占据王位边寻求与神合一，其荒谬正如在屋顶的烟囱管帽之间寻找骆驼"②。借寓言故事来阐释现象或说明道理，往往诙谐幽默，灵动巧妙，微言中显大义。

（二）《长青哲学》征引神话示例

　　在《长青哲学》一书中，史诗式的神话也被频繁征引，神话题材以印度文献居多。譬如，在说明行动不应执着于利己时，赫胥黎引述《薄伽梵歌》中黑天对阿周那的教导，鼓励战士投入战

---

①　〔英〕阿尔道斯·赫胥黎：《长青哲学》，第155页。
②　同上书，第158页。

斗,无求无惧地履行神赋予的使命。其时,俱卢之野战事在前,
阿周那看见诸多亲友身在敌营,倍感难过与困惑,决定放弃战斗。
马车夫亦即黑天的化身对阿周那进行晓谕,待阿周那心开意解
后,黑天道出这首史诗的最强音:

> 毋自陷于孱弱兮,
> 此于尔非洽适!
> 去尔心卑下之愁积兮,
> 起!起!克敌! ①

　　雄浑宏大的战争场面,人神之间的终极交谈,直截了当的指
点策勉,充满振奋心智、安慰心灵的力量。这种力量的透显,不
是经由说理呈现,而是经由对史诗的借重和撷取。在表达长青哲
学的主旨"'那个'是你"时,赫胥黎引用了《歌者奥义书》的一
则父与子的故事。

　　希维塔开度(Svetaketu)12 岁时,被送到一位老师那里,
跟随老师学习到 24 岁。学完所有吠陀经典之后,他满腔自
负地回到家,自信所学已圆满,也变得挑剔苛刻起来。
　　父亲对他说:"希维塔开度,你这么满足于自己的学识,
眼光又这么犀利,我的孩子,你可知道这世上有种知识,经

---

① 出自《薄伽梵歌》第二章,此处取徐梵澄译笔。

由它，我们可以听到不可听的，觉到不可觉的，知道不可知的。"

"父亲，这种知识是什么？"希维塔开度问。

父亲回答："知道了一个土块，就知道了一切由土做成的东西，区别只在名相，本质都是土。我的孩子，这就是那种知识，知道它就知道了一切。"

"我那些可敬的老师们肯定不知道这种知识。如果他们知道，一定会传授给我。父亲，您将教我这种知识吗？"

"好，"父亲说，……他又说："把一颗榕树果实拿给我。"

"拿来了，父亲。"

"打开它。"

"打开了。"

"你看到了什么？"

"一些极小的种子。"

"把其中一颗弄碎。"

"弄碎了。"

"你看到了什么？"

"什么也没看到。"

父亲说："我的儿子，你没有觉察到其中精妙的本质——巨大的榕树正存在于那个本质中。万物的自我都在那个精妙的本质之中。它是'真'（the True），是'大我'（the Self），希维塔开度，'那个'就是你。"

"父亲，我恳求您，再跟我讲讲。"儿子说。

　　"好的，我的孩子"，父亲回答。他接着说："把这些盐放进水里，明天早上来见我。"

　　儿子照办了。

　　第二天早上父亲说："给我你放进水里的盐。"

　　儿子在水中找盐，但找不到。因为盐早就溶解了。

　　父亲说："尝尝容器表面的水。什么味道？"

　　"咸的。"

　　"尝尝容器中间部位的水。什么味道？"

　　"咸的。"

　　"再尝尝容器底部的水。什么味道？"

　　"也是咸的。"

　　父亲说："把水倒掉再回来。"

　　儿子照办了。但盐没有丢失，因为盐永远存在。

　　然后父亲说："你的身体也一样，我的儿子，你没有领悟'真'，但它就在那里。万物的自我都在那个精妙的本质之中。它是'真'，是'大我'，希维塔开度，'那个'就是你。"[①]

　　这则父与子的故事同样具有恢宏的气质，因其探讨的乃是"真"、"大我"，亦即万物的本质这一知识。父亲说，经由这种知识，人可以听到不可听的，觉到不可觉的，知晓不可知的。这对儿子而言是性质迥异的，令他倍感新奇。父亲以土块做譬喻，知

---

　　① 〔英〕阿尔道斯·赫胥黎:《长青哲学》，第10—12页。

晓了一个土块，就知道了一切由土做成的东西，"区别只在名相，本质都是土"，同样，通晓了这种知识，就知晓了一切。于是儿子向父亲求教，父亲没有引经据典，没有论理教授，而是采取了让儿子直接体验观察的情景式带入方式。父亲先让儿子打开一颗榕树的种子，儿子发现其内核是空无，父亲乘机便说，觉察其中的本质，巨大的榕树正存在于这精妙的本质中，万物都在这精妙的本质之中，它是"真"，是"大我"，"那个"就是你。儿子困惑了，对这一全新的话域却更加痴迷。于是父亲又选择了盐和水做道具，操作者仍是儿子。盐溶于水后，肉眼不可见，但所有水都充盈了盐的咸味，即便倒掉水，盐也没有丢失，而是永远存在。父亲说，正如人没有领悟"真"，但真永远在，万物都在这精妙的本质之中，它是"真"，是"大我"，"那个"就是你。引文至此，戛然而止，留给读者无尽的遐思。

赫胥黎指出，奥义书式的认知，重视的是对本原的"领会"。而这个本原，既是领会者的真我（Self），同时又是那个"充满整个世界的东西"（《薄伽梵歌》语）；也就是说，本原是一，既是认知者，又是认知对象，那么这种认知活动本身，乃是一种合一经验，长青哲学称这种认识为"合一认识"，称这个本原为"神圣本原"（Devine Ground）。在印度的传统中，因这本原的神圣、不可思议和难以言传，被称为"那个"（Tat），虽仅称"那个"，所有印度人却心领神会、闻之肃然。宗教现象学家鲁道夫·奥托（Rudolf Otto）称之为"绝异之彼"（das *Ganz andere*），认为这是一个与宗教之神秘及奇妙相宜的贴切表述，并依照"外师诸教，中得心源"的原则来解说其含义。奥托发现,在奥义书传统中,这个"彼"是言语不臻、心思所不及的,它"绝异诸可知者,也超胜诸未可知者"[①]。因这种性质,它可以被体认,但难以言传;它可以被领会,但概念化的表达不是它;它可以被直接经验,而对这一直接经验的直接表达,体现在文本形式上便是活生生的、流动的、情景带入式的诗性语言。

　　古老的奥义书哲学,在《薄伽梵歌》中得到发展和丰富,后在 9 世纪,由商羯罗体系化。商羯罗的教导多经由诗歌体传达,在倡导理论与修行并重时,他说:"念念药名,病不会好,得吃药。称念'梵'也不会带来解脱,解脱必须直接经验梵。"[②]语言风格直接、质朴而简明。其在重申奥义书的主旨时,则曲尽其妙、一唱三叹:"梵中没有种姓、信条、家族和世系。梵无名无相,超越优点与缺点,超越时间、空间和感觉经验对象。这就是梵,'那个'是你";"至高无上的梵虽然超越了言语的表达能力,却能被纯净清明之眼所领会。纯粹、绝对和永恒的实在——这就是梵,'那个'是你";"梵是一,却生出多。梵是唯一的因,却不依赖于因果律。这就是梵,'那个'是你"[③]。可以看出,这种梵我合一的咏叹调,是对《奥义书》《薄伽梵歌》史诗篇章的继承和回响。

　　[①]　朱东华:《从"神圣"到"努秘"》,宗教文化出版社 2007 年版,第 100 页。

　　[②]　出自商羯罗《分辨宝鬘》(*Viveka-Chudamani*)。〔英〕阿尔道斯·赫胥黎:《长青哲学》,第 14 页。

　　[③]　同上。

(三)《长青哲学》引用诗歌一窥

在《长青哲学》一书中,苏菲派导师鲁米同样受赫胥黎青眼,其被引述的言教多为诗歌体。他洞悉生死的现象,通向神的秘密,唱出这样的诗篇:

> 我做矿物死去,变成植物。
>
> 我做植物死去,变成动物。
>
> 我做动物死去,成为人。
>
> 我为什么要害怕? 死时少了什么?
>
> 作为人,我将再度死去,
>
> 与有福的天使共同飞翔;
>
> 但即使是天使,
>
> 我也必须穿过,直至神消亡。
>
> 当我献出自己的天使灵魂时,
>
> 我将成为那不可思议者。
>
> 噢,让我不存在! 因为不存在是在宣告:
>
> "我们应回到神。"[1]

在这段诗歌里,鲁米传达出这样的认识:生命现象变换,矿物、植物、动物、人紧密相连,死并不可怕,"死去自我"亦即"自我不存在"时,人将回到神亦即"那不可思议者"。这段引文明白晓

---

[1] 〔英〕阿尔道斯·赫胥黎:《长青哲学》,第274页。

畅，清新自然，给人鲜明生动的印象。借此，赫胥黎轻松地指出了一个东西方宗教家的共识，那就是认识到身的重要性，即，拥有身体意味着得救或解脱的绝佳机会。如商羯罗所说，生为人身，仅此，人都应该每天感谢神。

著作受东西方教会共同推崇的基督教修士约翰·卡西安（John Cassian，360—435）深知诗歌的力量，他鼓励人们以吟诵赞美诗作为灵修方法："选取一句简短的赞美诗，它将成为你防御所有敌人的盾牌。"[①] 在印度，穆斯林和印度教徒都尊诗圣迦比尔（Kabir，1440—1518）是自己的宗教家，迦比尔有两首诗在两教教徒中均广为传颂，如经典歌曲一样，传唱至今，历久弥新。他说："在万物中只看一，引你入迷途的是二"，"贝拿勒斯在东，麦加在西；探索自己的心，那里既有罗摩又有安拉"[②]。诗歌因其直接、生动与简明，深入人心，广泛流传，上至朝堂神庙、公卿大夫，下至街头巷尾、贩夫走卒，诗节被吟咏传颂，口耳相传间，化民成俗。赫胥黎引述湖畔诗人华兹华斯（William Wordsworth，1770—1850）的诗句："让自然做你的老师"，"春天树林的律动，胜过一切圣贤的教导，它能指引你识别善恶，点拨你做人之道"[③]；引述英国宗教作家托马斯·特拉赫恩（Thomas Traherne，1636—1674）的诗："玉米是东方的不死之黍。永远不要收割，也无须播种……日光之中映出永恒，万物背后显出无限；它们应和我的期待，催

---

① 〔英〕阿尔道斯·赫胥黎：《长青哲学》，第 358 页。
② 同上书，第 253 页。
③ 同上书，第 91 页。

促我的渴望。城市似乎屹立在伊甸园，或建在天堂中。街道是我的，庙宇是我的，人们是我的，他们的衣服、金银都是我的，一如他们闪烁的眼睛"[1]。禅诗更是赫胥黎多处援引的诗歌文本，在脍炙人口的四言体《信心铭》和七言体《永嘉证道歌》之外，日本临济宗僧人白隐慧鹤与了然尼信手拈来的诗偈出色地传达了潇洒自在的禅者境界：

> 无相相为相，去来皆本乡。
> 无念念为念，歌舞尽法音，
> 三昧无碍空，四智圆明月。
> 此时复何求，寂灭现前故，
> 处处皆净土，此身即是佛。[2]
>
> ——白隐慧鹤

> 六十六年秋已久，漂然月色向人明。
> 莫言那里工夫事，耳熟松杉风外声！[3]
>
> ——了然

白隐的这首诗偏于说理，相较而言，了然尼的这则偈颂更值得玩味。了然尼是日本江户时代著名武士信原的孙女，世传美貌

---

① 〔英〕阿尔道斯·赫胥黎：《长青哲学》，第98—99页。
② 同上书，第87—88页。
③ 同上书，第177页。

无比，为顺利出家宁自毁容颜，师承白隐慧鹤，是日本的一代名尼，可谓风华绝代、诗才横溢，证量深广、颖悟非常。上面这首诗乃是其示寂偈，了然尼预知时至，平怀坦然，自信自如。寻常人耳只听得风入松杉，声涛阵阵，喻如物相纷然，外缘勾牵，一生寻声逐物去。禅家不然，偏爱秋高千山木，体露金风，现出本来面目。用了然尼的诗语形容，便是"松杉风外"，无风之时，松归松，杉归杉，各安其处；恰似无遮之心，人见月，月照人，万古长空；亦如本来自在，尘归尘，土归土，死生其耐我何。赫胥黎评述说，风外松杉的寂静中，"无我的冥思自动开启，朝向的则是纯粹的真如"①。好的诗歌不是"拈断数根须"苦想出来的，而是语语从胸中流溢出来的，故而灵动跳脱、无人无我、盖天盖地。可以说，诗歌的这种特性，与开悟者看待世界的眼光是深为契合的。用普罗提诺（Plotinus）的话说，开悟者"不是在变化过程中，而是在存在中看待所有事物，并从他者之中看到自己"，在他们眼中，"每一事物本身都包含着整个世界"，"'一切'（All）无处不在"，这时人已不再是分离的个体，"他又再次提升了自己，洞悉了整个世界"②。

（四）道言与广义的诗性语言

就情景带入式和直接、形象、生动性而言，寓言、传说、神话及譬喻皆属于广义的诗性语言。这些广义的诗性语言，能用它们的方法来表达宗教真理，"是神话而不是指令，是寓言而不是

---

① 〔英〕阿尔道斯·赫胥黎：《长青哲学》，第177页。

② 同上书，第12—13页。

逻辑令人感动"（爱德曼［Irwin Edman］语），它们的价值乃在于"能够把我们的心从世界的迷扰中召回到对神的思想和对神的爱中"①。印度教文献中多见比喻和寓言，想要借此唤醒见闻者注意那潜藏于生命深处的珍贵领域：众生有如失忆的国王，衣衫褴褛地在自己的国度流浪；亦如与母狮走散的幼狮，被羊养大，习惯吃草和咩咩叫而认定自己是一只羊。人的本来面目是什么，须亲身去认识和经验。而那些业已认识和经验过的人，他们的传记和言语给后来人提供了线索，如赫胥黎所言，"如果你我并非圣贤，那么在形而上学领域，我们的最佳选择就是研究圣贤们的著述，他们因为改变了自己凡人的存在方式，从而超越了凡人的境地和知识范围"②。这些人智慧而活泼，具足力量和喜乐，自由自在，这并不是说他们打破了自然规律，而是说，他们的心似乎不为境遇所局限，不为文字所局限，总是光彩焕发而容止安详，他们是真实的和平制造者，他们的爱向外流注，对任何人都不例外；跟他们接触会令人受到激发与净化。长青哲学将这些人冠名为"新生者"，他们的传记常常经由神话、传奇的形式载录，他们的言说常常借由寓言、譬喻、诗歌的手段传递。"有史以来所有的文化都以种种神话和象征物来表达宗教的感受和渴望。"③诚如坎贝尔所认识到的，神话、寓言和诗歌往往非常深刻，许多时候我们的智力只能间接感知到这些宗教文本的深度。广义的诗性语言，

---

① 〔美〕休斯顿·史密斯：《人的宗教》，第36页。

② 〔英〕阿尔道斯·赫胥黎：《长青哲学》，第6页。

③ 王六二：《近现代神秘主义研究状况》，《世界宗教研究》2001年第3期。

要求人较为敏锐的感知力，也益于涵养和激活人的直觉，而这种直观感知力对于领会宗教、把握真理至关重要。

张祥龙先生对道性语言关注很深，在《海德格尔的语言观与老庄的道言观》①等篇目中，他多次指出"概念化思维在理解中国古代思想上的不恰当性，呼吁重视中国古代思想自身的言说方式，如立足于'象'而展开的言说和立足于'道'而展开的言说"②。无论在东方的思想界还是在西方的汉学界和中国哲学界，"人们往往强调道与无言的关联，或断定任何意义上的语言（'可道'）是达不到道本身的"③，然而，张祥龙先生显然没有被这种惯常看法束缚住，他考察发现，"不仅'道'这个字自西周时起就已有了'言说'这样的含义，而且，老庄也绝没有完全割断道与语言的根本联系"④。而《长青哲学》，乃是凭借特殊文化的话语构架，来表达那超文化的"一"和去说"那不可直说者"。赫胥黎在这两方面都做出了努力，虽然在张先生看来尚未臻化境，他似更心仪现象学家所主张的"让语言自己说话"的表达方式，如"重言"、"粘言"等，从而让"词与词之间、前文和后文之间出现相互牵引的缘构张力"，通过前后相互的投射，板结的语言外壳被"咬嚼"开，并被拉抻、化合成一气相通、氤氲无尽的场或域⑤。而"这里

---

① 张祥龙：《从现象学到孔夫子》，第245—266页。
② 唐文明：《实际生活经验与思想的路标——评张祥龙的儒学研究》，杨国荣主编：《思想与文化》第二十一辑，华东师范大学出版社2018年版。
③ 张祥龙：《从现象学到孔夫子》，第245页。
④ 同上书，第246页。
⑤ 同上书，第250—251页。

的关键就在于人和语言本身并不是形而上学实体性的,而是缘(Da)本身。所以,这缘的显现或重复绝不会是无意义的,因为它并没有一个使得它被关闭在自身中的实体可自守。如音乐和诗的重复一样,它自身的舒卷开合必构成或承接住先概念的生存本义"。因此,海德格尔讲,语言本身在根本的意义上是诗;而"诗的本性是真理的创构";所谓创构,"即是流溢和馈赠";而"此真性的和诗构的投射是对那样一个境遇的开启,缘在作为历史性的(存在)就被抛投入其中"①。在这个意义上理解"语言是存在之屋"以及"诗意地栖居",可能较为准确深刻。

赫胥黎设问,语词的诗意使用何以关涉灵性生活?对艺术和自然之美的体验,也许在性质上近于对神圣本原的合一体验,但他认为二者并不尽相同,"经验到的特殊之美尽管分有了某种神性,但仍与神相距甚远。诗人、审美家和热爱自然者对实相的领会类似于那些得以无私冥想者;但由于没有努力使自己全然无私,他们便不能全然了知神圣大美。诗人天生具有遣词造句的才能,使自身获得的恩典和灵感可以在字里行间传感于他人。这是伟大而宝贵的禀赋;但如果诗人沾沾自喜于这种天分,执于崇拜艺术和自然之美,而不是经由无私去领会神圣本原之大美,他就仅仅止于偶像崇拜。诚然,他的偶像崇拜属于人类所能达到的最高层次,但仍然是一种偶像崇拜"②。如果将"语词的诗意使用"

---

① 张祥龙:《从现象学到孔夫子》,第251页。
② 〔英〕阿尔道斯·赫胥黎:《长青哲学》,第176页。

和"灵性生活"缩略为"诗"与"禅"，则或可这样认为，诗心直接、灵动，可与另一颗诗心刹那交接，在这一点上，诗心与禅心同。然而虽则道人每有诗作，诗人也偶契道情，单纯的道人和单纯的诗人间仍存在分野，具体而言，道人是站在体践者的立场，认为许多超越的生命层次是可以实证的，诗人则将之视为哲理、想象和审美的世界。然而道人和诗人也极相近，因道心与诗心，都"卓尔思不群"，清净、直接、真挚、全然，不容易为琐屑流俗牵绊。理想而言，道人有诗才，可呈现大好生命、本地风光，超圣回凡，接引学人；诗人富道气，可冀生命做一大翻转，诗境与现实生活打成一片，诗与生命二皆圆满。①

（五）诗，中国人的宗教

诗歌作为一种宗教文本，在中国可谓极大丰富，甚至可以说，中国的诗在很大程度上发挥着宗教的功用。宗教所呈露的，乃是人类性灵的天地，其中涵涉对宇宙时空的敬畏和欣赏、对生命万类的仁爱与悲悯，既识乾坤大，复怜青草青。这种性灵意义上的宗教，更像是一种闪光的灵感和流转的情愫。而相较于门庭森然的宗教教派，中国人的灵感和情愫，更多是在诗歌中汲取和涵养出的。无论是思无邪、教人以温柔敦厚的诗三百，还是晚出的蒙学千家诗，抑或孟荀庄老、唐宋散文等长于因事见理、铺陈兴发的广义诗性文体，皆在文以载道、由艺臻道的大传统之列，涵咏沉潜其间日久，中国的童蒙、文士或贤达君子易于养成因小见大、

① 参考王坤《诗心禅心散论：从"木叶"说起》，《文史知识》2022年第10期。

即知即行、由此及彼、触类旁通的灵动性情。而形式化、门派化的宗教对于中国广大民众，更像是一种装饰点缀之物，"用以遮盖人生之里面者，大体上与疾病死亡发生关系而已"[①]。而诗，可以说浸润中国人心灵和生活的方方面面，孔夫子认识到，诗的功能乃是全方位的，"可以兴，可以观，可以群，可以怨；迩之事父，远之事君；多识于鸟兽草木之名"（《论语·阳货》）。通过诗，可以兴发情志和陶冶心灵，可以观察社会风俗盛衰和政教得失，可以群居处对间切磋琢磨和彼此砥砺，可以批评时政和怨刺不平以期于善治；诗中有理，近可以用之事奉父母，远可以用之事奉国君；而且还可以从中认识到自然界许多鸟兽草木的名称，增广见闻。孔子总结诗有兴、观、群、怨四重功能，蕴含事父事君之理，又多自然名物之纳，借由诗，人进行身心修养及安放，这可谓孔子对诗歌社会功能的认识，从司马迁到王夫之，历代理论家都给予高评。王夫之直赞：兴观群怨，诗尽于是。至于事父事君，识鸟兽草木之名，则是体社会人情之常、揽自然物理之胜。至于斯，诗歌在认识、德性、审美、伦常、自然等诸方面的价值明显昭彰，为后世中国广大普遍的诗性教化奠定了基础。

　　确乎可以说，在很大程度上，诗教塑造了中国人的人生观，它经由常语俗谚、诗卷文章传递，渗透至社会生活的角角落落，给予其间的人一种悲悯的意识、一种丰富的好尚和一种乐天知命的气质。对于中国人，诗"常能医疗一些心灵上的创痕"，并"替

---

① 林语堂：《吾国与吾民》，黄嘉德译，湖南文艺出版社 2016 年版，第 210 页。

代中国文化保持了圣洁的理想"，它"给予人们终日劳苦无味的
世界以一种宽慰"，并帮人们"澄清心境"[1]。诗所引动的慈悲、知
足与自然平怀，含蕴着感恩、报本与敬畏的精神本质，不动声色
间完成了某种深刻的宗教性功能。诗歌教人听见雨打芭蕉，欣赏
大漠孤烟，照见禅房花木，闻见猿猱哀鸣，体贴游子思母，这些
带入式的场景，往往引发人生起某种或感同身受或深深怜惜的情
感，无论是对新学垂钓的稚子还是伐薪烧炭的老翁，对郎君戍边
的新妇还是爱子远征的老母，对"一将功成万骨枯"的人祸还是
"捕蝗捕蝗谁家子"的天灾。总而言之，蒙受诗性教化的中国人，
往往倾向于性灵与自然相融合，"春则清醒而愉悦；夏则小睡而
蝉声喈喈，似觉光阴之飞驰而过若可见者然；秋则睹落叶而兴悲；
冬则踏雪寻诗"，可以说，浸润在此种意境里，"诗很可称为中国
人的宗教"[2]。

二、精神、价值与意义：注重共时性叙事

我们注意到，《长青哲学》一书的宗教叙事是历时性和共时
性相交叉的，在历时性叙事的基础上，更注重共时性叙事的运用，
也就是说在此书的各个主题上，简明的历时性叙事充当了简要交
代历史背景的角色，而大量运用的共时性叙事则旨在彰显精神、
价值、意义并在今人心中唤起共鸣。所谓"历时性研究"，指的

---

① 林语堂：《吾国与吾民》，第 210 页。
② 同上书，第 210—211 页。

是纵向的历史性研究，旨在呈现历史脉络、标志性事件及影响；"共时性"（Synchronicity）的说法则源于荣格，为解释大量巧合性事件，荣格提出了"共时性"概念，所谓共时性，即是指内心与物质世界、意愿与现实、有形与无形之间的一种重要的非因果性联系。荣格认为："这种非因果联系只有在事先没有自我意识介入的时刻才能发生；它不是在精神的无意识中孕育，而似乎是由精神本身秘密设计。它往往绕开自我的有意识意图，不期而至。共时性事件发生在大多数人的日常生活中，但正如梦一样，如果我们不注意识别它们，它们就仍然是无意义的。"[①]

贵格会教徒威廉·佩恩的"内在光明"学说这样看待历史和意义："有比经文离我们更近的东西，即心中的道（the Word），所有经文都源出于它。"而罗伯特·巴克莱（Barclay）试图通过一种奥古斯丁主义神学来解释"'那个'是你"（*tat tvam asi*）的直接体验，而为了符合事实，他对这种神学进行大幅度的引申和调整，他这样说："若非与神光合一，堕落的人不可能善。这种神光就是人灵魂中的基督，它和罪的种子一样普遍。无论是异教徒还是基督徒，所有人都被赋予了这种内在光明，即使他们对基督生活的外在历史一无所知。只有那些不抵制内在光明、内心的神性得以获得新生的人才能称义。"[②] 比起"外在历史"来，"内在光明"显然是更有意义的。说起对历史的不重视，世界上大约没

---

① 王六二：《近现代神秘主义研究状况》，《世界宗教研究》2001年第3期。
② 〔英〕阿尔道斯·赫胥黎：《长青哲学》，第24页。

有哪个民族比印度更典型，"印度人并不把圣典看成某个历史时刻作出的启示，而是看成一直存在的永恒的福音书，因为它们与人类同始终，或说与所有其他有形或无形的有智生命同始终"①。赫胥黎强调，"不仅在东方，而且在基督教世界，那笃信的静观者不仅设想道成肉身是一个需要不断体验的事实，而且实际上也直接领会到这一点。基督永远诞生于圣父的灵魂之中，而黑天（Krishna）的活动则是一种心理学和形而上学永恒真理的伪历史象征（pseudo-historical symbol）"②。在道成肉身、人格神或说化身主题上，赫胥黎将佛教、苏菲派、印度教、基督教相关教义进行类比：大乘佛教用佛的"三身"来表达形上学教义，法身即本尊、心或虚空净光，报身类似于大自在天或犹太教、基督教和伊斯兰教的人格神，化身则是道作为一个活生生的历史性的佛寓居于尘世物质性的肉身之中。而苏菲派似乎认为，"真理（Al Haqq）是人格性的安拉背后的原神渊薮，先知被从历史中拣选出来，被视为道的化身"③，而道或神性进入历史、化为人形的意义在于，其彰显人与道合一、回归本原的可能性，从而在每个人心中播下永恒向上的光明与希望，"道从永恒进入时间只有一个目的，那就是以人形帮助人类走出时间进入永恒。化身在历史舞台上的出现之所以极为重要，是因为其教诲指出了人类超越历史局限的途

---

① 〔英〕阿尔道斯·赫胥黎：《长青哲学》，第30页。
② 同上书，第34页。
③ 同上。

径,而身为恩典和神力的通道,化身实际上正是这种途径本身"①。圣徒或神之化身的传记之所以有价值,是因为它"阐明了在特定的人生境遇中,'我'是如何被清除掉,从而为神圣的'非我'留出空间的";赫胥黎指出还原论思想指导下的历史考证主义在宗教议题上的不相宜乃至徒劳无功,"在过去一百年中,人们花费了巨大的精力,试图从文献中发掘出比实际更多的证据。无论对观福音书的作者们对传记缺乏兴趣多么令人遗憾,无论对保罗和约翰的神学可能提出什么反对意见,他们的直觉在本质上仍然无疑是可靠的。每个人都以自己的方式书写了基督的永恒'非我',而不是历史的'我';每个人都以自己的方式强调了耶稣一生中那个因其超人格故人人可分有的要素"②。神可以化身为人形,这一学说可见于长青哲学的大多数主要历史阐释——印度教、大乘佛教、基督教和伊斯兰教的苏菲派都把先知等同于永恒的道。

　　在诉诸当代学者时,赫胥黎援引民族学家保罗·雷丁(Paul Radin)的论说并明确表示赞赏:"雷丁博士在其《作为哲学家的原始人》(*Primitive Man as Philosopher*)中写道:'正统民族学不过是热情而不加批判地尝试把达尔文的进化论应用于社会经验事实罢了。'他又说:'学者们只有彻底摆脱"一切事物都有历史"这种诡异的看法,意识到某些观点和概念对于社会性的人是

---

① 〔英〕阿尔道斯·赫胥黎:《长青哲学》,第71页。
② 同上书,第68—69页。

终极的，恰似特定生理反应对生物性的人是终极的，民族学才能进步。'"① 赫胥黎不无遗憾地表示，"19 世纪对历史和乌托邦的狂热往往致使即便最敏锐的思想者也无视超越时间的永恒事实"，然而实际上，"只有无关紧要的知识才一直有一种真正的历史性发展。不经过漫长的时间和技巧、信息的日积月累，我们关于物质世界的知识就不会完善。然而在人类历史的任何时期，从童年到老年，某些人几乎在其个人的每一个发展阶段都有可能直接领会作为物质世界本原的'永恒完全意识'"②。

在宗教的历史和意义主题上，赫胥黎引述学者庄士敦（R. F. Johnston）和库马拉斯瓦米（Ananda K. Coomaraswamy）对佛教、印度教的灵性解读，认为看待所谓历史事实的态度甚至构成小乘佛教和大乘佛教不同走向的分水岭。庄士敦在其《佛教中国》（*Buddhist China*）中这样写道："大乘以宗教意象或神秘意象的形式来表达那个普遍的，而小乘则无法摆脱历史事实的支配。"③ 对此，赫胥黎引用库马拉斯瓦米的话说："毗湿奴派（Vaishnavite）经典告诫黑天崇拜者，黑天的游戏不是历史，而是一个永远在人心中展开的过程，同样，大乘信徒也被告诫，历史事实并无宗教意义——只是应该补充一句：除非这些历史事实指向或本身就是人从自我和时间秩序中解脱出来的途径，无论这些途径是远是近，

---

① 〔英〕阿尔道斯·赫胥黎:《长青哲学》，第 32 页。
② 同上。
③ 同上书，第 171 页。

是政治的、伦理的还是灵性的。"①

　　不容忽视的是，历史还原论的强势话语态势几乎弥漫了整个学术界，哲学与宗教学界亦难幸免，经过历史主义的滤网打捞，网罗到的仅是唯物性质的历史的水草，哲学与宗教的真正价值则似汪洋海水一样从网眼流走了。第二次世界大战后，爱诺思会议创造了西方的宗教主义研究基础，在此背景下，"'历史主义'的破坏性（亦可称为解构性）潜能被视为一个主要议题，该遗产一直影响研究者至今。在伊利亚德或科尔班等学者看来，问题不只是历史发现有时会破坏备受珍视的神秘学信念。在一个更基本的层面上，他们关注的是历史与（形而上学的或神秘学的）真理之间必然对立的关系。他们知道，在严格的历史思考中根深蒂固的相对主义最终会破坏关于人生中某种更深刻的意义或某个更普遍维度的信念"②。而学者之中，最敏锐地觉察到并痛苦地体会到这一点的，莫过于伊利亚德。"如果发生的任何事情——无论是历史上最振奋人心的胜利，还是最不幸的悲剧——都可能以不同方式发生，或者根本不发生，那么历史就不再是一个使人类的探索具有意义的带有某种构思或布局的'故事'，而是似乎沦为（用阿诺德·汤因比［Arnold Toynbee］所引述的约翰·梅斯菲尔德［John Masefield］的名言来说）'一件又一件倒霉事'：即一系

----

　　① 〔英〕阿尔道斯·赫胥黎：《长青哲学》，第 71—72 页。

　　② Wouter J. Hanegraaff, *Esotericism and the Academy: Rejected Knowledge in Western Culture*, Cambridge University Press: Cambridge (2012), pp.295-314.

列显得毫无意义的随机事件，没有任何更深的含义、目标或方向，从虚无开始，以虚无结束，没有任何特殊的原因。"① 伊利亚德称这种虚无为"历史的恐惧"，并与之对抗终生。第二次世界大战之后，他的反历史主义对于在大屠杀、核武器和"越战"等阴影下长大的一代人来说意义巨大，因为历史本身成为他们渴望逃离的一场噩梦。在宗教叙事上，历史的正确性不是基本问题，宗教要传达的重心并非历史事实，而是精神和意义。学界有目共睹，伊利亚德特别重视宗教对于现代社会和人类的意义，在方法论上，他强调宗教研究者应既是历史学家，又是现象学家，既对宗教进行"历时性研究"，又进行"共时性研究"；应该通过对宗教的研究，深化对人类的本性、可能性及所处世界环境的认识，建立一种"新的人道主义"。伊利亚德申明，任何专门历史的研究都要熟悉通史（universal history），因此"即使最严格的专业划分也不能使学者将他的研究置于通史视野之外"，他相信，"对于但丁或莎士比亚的研究，甚至是对陀思妥耶夫斯基或普鲁斯特的研究，也可以通过对迦梨陀娑（Kalidasa）、能剧或《西游记》的认识而得到启发"，他毕生的宗教思想史研究，都为了提醒世人不要忽略"人类思想史具有深刻而不可分割的统一性"②。1975 年 9 月，伊利亚德写下这句话："认识到人类精神史的同一性，是最近才有的事，它还没有得到充分的研究。"③

---

① 〔荷〕乌特·哈内赫拉夫：《西方神秘学指津》，第 151 页。

② 〔美〕米尔恰·伊利亚德：《宗教思想史》第 1 卷，第 6 页。

③ 同上。

在基督教神秘主义者眼中，《圣经》里记载的历史事实或伪历史事实，只不过是神性与永恒福音的象征。赫胥黎强调，西方的神秘主义者"一定程度上把基督教从其役于历史事实（或者更准确地说，是役于当时的记录与后来的推理和幻想所组成的各种混合物，它们在不同时代被认作历史事实）的不幸中解放了出来。从埃克哈特、陶勒（Tauler）、吕斯布鲁克、波墨（Boehme）、威廉·劳和贵格派教徒的作品中可以提取出一种灵性化和普遍化的基督教，其叙事指向的不是历史本身或后人推断的应如何如何，而是'永远在人心中展开的过程'。但不幸的是，神秘主义者的影响还不够大，未能给西方带来一场彻底的大乘革命"①。而东方作为大乘佛教的原发地，倘若丢失了"见月亡指""即此用，离此用"这种得意忘言、活泼睿智的大乘精神，而陷入历史还原主义的泥沼，则无疑是遗憾至极、令人扼腕的。可以说，倘若长期过度沉迷于历史性，宗教也将渐次悲剧性地完成自我减损，乃至毁灭。而在学术研究上，过度倚重文献学与考证法，也就在实质上消解了哲学和宗教学本质的意义指向，我们以佛教研究为例来谈。

用文献学方法研究中国佛教，有诸多重要成果；但执着于这一视角，却有严重的问题。楼宇烈先生指出，从文献学研究的视角来看，"中国近代就有一批人认为中国的传统佛教已经背离了印度佛教的思想"，在近代文献学研究者看来，"《楞严经》和《圆

---

① 〔英〕阿尔道斯·赫胥黎:《长青哲学》，第72页。

觉经》是伪经，《大乘起信论》更是伪经"，而如上这"两经一论"
对中国佛教影响极大，自某种意义上言，中国佛教可谓就建立在
这"两经一论"上；既然考证出它们是"伪经""伪论"，那中国
佛教就是"不纯粹的"、冗杂的，乃至受到外道影响的，所以中国
近代出现了要返回印度佛教的思潮，有人认为要以唯识学、法相
学作为根本，有人主张回到中观学。[1] 在这个问题上，楼先生认
同章太炎的观点。章太炎把佛经和儒家经典进行比较，认为"佛
经和儒家的经典是不同的，因为周公孔子的经典都是从历史出
发，主要是从历史的经验教训来谈人生的道理。所以……'六经
皆史'，它是谈历史的，所以经典的真伪就非常重要"，因为真伪
关乎历史的可靠性；然而佛经的情况则有所不同，因为"佛经是
谈理的"，"我们主要看这道理说得好还是不好"[2]，重要的是理上
的高下，这部经是谁说的、谁写的、怎么形成的，重要性则其次。
本世纪 20 年代以来，中国学界在对《大乘起信论》问题的广泛讨
论中，渐从"文献真伪"过渡到"义理是非"。欧阳竟无认为《起
信论》是马鸣思想过渡时期的不成熟之作，混淆体用，与唯识学
不合，贬斥《起信论》净染互薰的真如缘起论；太虚大师则申述
真如缘起论的合理性，力图从义理上融通《起信论》与唯识学。
太虚大师意识到《起信论》与中国佛学的密切关系，故其与欧阳
竟无的争论，实则涉及拘守印度化佛学的唯识学，还是承认佛学

---

[1]　楼宇烈：《宗教研究方法讲记》，第 80 页。

[2]　同上书，第 81 页。

中国化发展这一根本义理问题。梁启超从"佛教以立法展示"的角度，判定《起信论》为梁陈之际一位中国学者之撰，并为此"欢喜踊跃"，肯定《起信论》在各派佛学中"能撷其菁英而调和之，已完成佛教教理最高的发展"，因此无论此书作者为谁，都不足以减损其价值，任公称赞此书"实人类最高智慧之产物，实中国印度两种文化结合之晶体"[①]。这一评断，超越真伪争执，呈现了看待佛教文献较为恰适的视角和方法。

楼先生常言"佛教善譬，多有理趣"，特别提醒研究者不要"囿于名相，死于句下"；他对以还原论的思维方法研究人文学科也颇为警觉，曾调侃说，"若还原下去，我们人也不过是一堆碳水化合物"，这一戏谑之语背后，有着对人之主体性的强调，及对"人之为人"这一重要本位的观照。在同样的议题上，赫胥黎引述约翰·埃弗拉德的话说："如果你总在处理'道'的语词，总在咬文嚼字，那有什么了不起？难怪你如此贫乏。"[②]

如何方为研究佛教经典文献的正途呢？楼先生认为，第一步是把名相障碍扫除，第二步是把握经典的根本精神。至于有学者热衷考证六祖慧能识不识字，其实已落入文字相，与禅宗精神转远，"慧能之所以官称不识字，其目的是教人不要被文字束缚住了，这一传说强调的正是'不立文字'的禅宗精神"[③]。文献是我

---

① 参考欧阳竟无《抉择五法谈正智》，太虚《佛法总抉择谈》《大乘起信论别说》《缘起抉择谈》，梁启超《大乘起信论考证》等文。

② 〔英〕阿尔道斯·赫胥黎：《长青哲学》，第318页。

③ 楼宇烈：《宗教研究方法讲记》，第111页。

们研究的基础，但只有解读方法恰当，文献资料才是活的，才能焕发出应有的价值光辉。依托于语言名相的经典，如同引导人们走向某个心灵疆域的地图，而地图只是符号，"即便最好的地图也只是有欠准确和不完美的符号"，但对于真正要到达某个目的地的任何旅行者来说，地图都至关重要、不可或缺，因为它指出了旅行者的行进方向和必由之路①。

但注重精神、价值和意义的共时性叙事，并不是要全盘否定重历史事实的历时性研究，我们要小心矫枉过正，避免从一个极端走入另一个极端，即完全无视历时性研究的价值。哈内赫拉夫提醒人们，完全置历史于不顾的过度的宗教主义也是危险的，其潜台词"将历史语境、变革与创新的重要性暗中最小化，以把'西方神秘学传统'呈现为由'内在的哲学和宗教特征'所定义的持久的单一世界观或灵性视角"②，这最终乃是基于"精神和灵性作为一种独立的本体论实在"；时下流行的编史学思路，的确蕴含着相对主义和虚无主义的潜在危险，看到这一点，又容易引发对它们的情绪性抵抗。但尊重证据和论据的力量是学术的必要条件，无论我们是否喜欢它所导出的结论。"如果历史性是有代价的，那么否认它也要付出代价"，编史学和文献学研究不只是具有破坏性的工具，其自身也是从既定权力和权威中解放出来的强大力量，即"我们摆脱神学教条和教会控制的自由在很大程度上

---

① 〔英〕阿尔道斯·赫胥黎：《长青哲学》，第172页。
② 〔荷〕乌特·哈内赫拉夫：《西方神秘学指津》，第203页。

便得益于此"。而"只有面对西方神秘学中变化和创新的证据，我们才能开始意识到其代表人物的创造力和独创性。无论认为他们受到了真正的启发还是欺骗（或两者兼有），他们至少——有时要付出从受人嘲笑到死亡的巨大个人代价——敢于独立思考，走自己的路"[①]。在历时性和共时性叙事上，"执两而用中"的态度是可取的，而因于宗教的心灵价值和精神特性，这里的"中"应适当偏重共时性叙事。

---

① 〔荷〕乌特·哈内赫拉夫：《西方神秘学指津》，第152—153页。

结　语

　　如上，我们撷取了各个传统里的圣贤言行记录，在长青哲学的若干个主题下构建对话进行对观，借此对长青哲学的源流与主旨，世界观、伦理观与反思精神，以及其宗教观与宗教研究方法进行了较为详尽的论述。综而言之，长青哲学作为西方思想传统的一支，自古而来，不绝如缕，因赫胥黎《长青哲学》一书的影响力，在第二次世界大战之后备受关注；其着眼点为人类的终极目的，关心的是所有宗教及文明系统表面差异下共通共同的"神圣本原"，认为这乃是大千世界一切生命心灵的本质；作为个体之人，最大的生命意义在于实现对神圣本原的合一认识，契入生命与世界的实相；而要想契入实相，须满足如下心灵条件——"充满爱，心灵纯洁，精神谦卑"，根据探索者性情差异，合一认识的具体途径可分为知、爱、行、修四种，即直觉之途、爱之途、工作之途、身心修炼之途。长青哲学的世界观、伦理观独特而富有启迪性：它主张宇宙是统一的，万有是神圣的，存在是奥妙的；真正的善是"无我"，作为人类中的一员，应遵循的伦理基线为谦卑、仁爱与诚实，实质上这三者是"无我"之善的三个表现方面；此外，长青哲学深刻的反思精神也值得瞩目，它提醒人们小心修行途中的各种微妙陷阱；在认识方式上，长青哲学主张在理性之外应同等（如果不是更加）注重直觉，提醒人随时保持开放的心灵，尊重自然，倾听他者，倡导宗教间深度对话，共同致力于人类实现终极目的。长青哲学关注的宗教乃是"灵性的宗教""活的宗教"与"人文宗教"，倡导社会保护教师、科学家、艺术家等广义上的"静观者"，对世界各宗教采取会通的视角，其宗教观可概括为一种尚灵性、尚会通的人文宗教观；在宗教探讨方法上，长青哲学关注宗教语言的特殊性，在"说理型"文本之外，十分重视寓言、神话和诗歌等多样化宗教文本，在文本解读上注重共时性宗教叙事方法的运用。

长青哲学探讨的人类终极目的与我们每个人息息相关，其为探明这一问题做出了卓越而有效的努力，这一主题本身具有普遍与现实意义，值得每个人关注；《长青哲学》一书出入世界各大宗教而神不散，其综合性的框架与创造性的尝试超越于现代学术强加的学科约束，论议与阐发遍及哲学、宗教、科学、政治、艺术领域，其看待宗教的独特视角呈现了一种尚灵性、尚会通的宗教观，在一定程度上可启发我们对宗教研究进路的思考，对当代精神异化、学科壁垒严重、"囿于数据，死于标准"（楼宇烈先生语）的现状亦具启发意义；《长青哲学》引证寓言、神话和诗歌等多样化宗教文本并进行了卓有见识的解读，一定程度上可扩大我们的宗教文献范畴，并丰富我们的宗教文献解读法；其注重共时性宗教叙事的运用，不离宗教与哲学本位或说"长青哲学"本位，较好地彰显了宗教智慧传统的精神、价值与意义；在《长青哲学》中译本面世之后对其展开系统研究，是向中国学界引介长青哲学传统的进一步工作，研究本身具有东西方文化对话意义。

参 考 文 献

1. 赫胥黎著作

〔英〕阿道司·赫胥黎:《美丽新世界》,宋龙艺译,北京理工大学出版社2013年版。

〔英〕阿尔多斯·赫胥黎:《水滴的音乐》,倪庆饩译,花城出版社2016年版。

〔英〕阿道司·赫胥黎:《知觉之门&天堂与地狱》,庄蝶庵译,北京时代华文书局2017年版。

〔英〕阿尔道斯·赫胥黎:《长青哲学》,王子宁、张卜天译,商务印书馆2018年版。

2. 古籍

〔魏〕王弼著,楼宇烈校释:《王弼集校释》,中华书局2009年版。

〔魏〕王弼注,楼宇烈校释:《老子道德经注》,中华书局2011年版。

〔晋〕郭象注,〔唐〕成玄英疏:《庄子注疏》,中华书局2011年版。

〔唐〕佛陀多罗译,〔唐〕宗密略疏:《圆觉经》,上海古籍出版社1991年版。

〔唐〕慧能著,杨曾文编:《新版敦煌新本六祖坛经》,宗教文化出版社

　2001 年版。

［唐］释慧能著，郭朋校释：《坛经校释》，中华书局 1997 年版。

［宋］普济著，苏渊雷点校：《五灯会元》，中华书局 1984 年版。

［宋］圆悟克勤：《碧岩录》，中州古籍出版社 2011 年版。

［明］吴承恩著，黄永年、黄寿成点校：《西游记》，中华书局 2005 年版。

［明］朱棣：《金刚经集注》，齐鲁书社 2007 年版。

［清］刘一明：《西游原旨》，中央编译出版社 2014 年版。

丁福保：《六祖坛经笺注》，齐鲁书社 2012 年版。

何劲松、释弘悯译：《永嘉证道歌·信心铭》，佛光文化事业有限公司
　1997 年版。

赖永海、刘丹译注：《楞伽经》，中华书局 2010 年版。

徐文明注释：《六祖坛经》，中州古籍出版社 2008 年版。

3. 著作

陈全林：《道德经真义》，团结出版社 2008 年版。

谛闲法师讲述，江味农记：《圆觉经讲义附听闻记》，上海古籍出版社
　2013 年版。

李四龙：《欧美佛教学术史》，北京大学出版社 2009 年版。

林谷芳：《禅：两刃相交》，生活·读书·新知三联书店 2012 年版。

林谷芳：《诸相非相》，漓江出版社 2015 年版。

林谷芳、孙小宁：《归零》，商务印书馆 2015 年版。

楼宇烈：《宗教研究方法讲记》，北京大学出版社 2013 年版。

南怀瑾：《圆觉经略说》，复旦大学出版社 2001 年版。

南怀瑾：《禅海蠡测》，复旦大学出版社 2002 年版。

南怀瑾：《金刚经说什么》，复旦大学出版社 2002 年版。

秋阳·创巴仁波切：《突破修道上的唯物》，缪树廉译，西藏民族出版社
　2005 年版。

秋阳·创巴仁波切：《自由的迷思》，靳文颖译，西藏民族出版社 2005

年版。

瞿同祖:《中国法律与中国社会》,中华书局 2003 年版。

释证严:《八大人觉经讲述》,静思人文志业股份有限公司 2016 年版。

孙波:《徐梵澄精神哲学入蹊》,华东师范大学出版社 2007 年版。

王颂:《宋代华严思想研究》,宗教文化出版社 2008 年版。

新华通讯社译名室编:《世界人名翻译大辞典》,中国对外翻译出版公司
　　1993 年版。

张真:《无端崖》,上海远东出版社 2015 年版。

赵文竹:《旁观者:一个当代隐者的人文思考》,中国社会科学出版社
　　2015 年版。

赵文竹:《赶考高旻》,中国社会科学出版社 2016 年版。

郑少雄、李荣荣主编:《北冥有鱼:人类学家的田野故事》,商务印书馆
　　2016 年版。

朱东华:《从"神圣"到"努秘"》,宗教文化出版社 2007 年版。

周学农等:《中国宗教名著导读·佛道教卷》,北京大学出版社 2004
　　年版。

4. 译著

〔德〕埃克哈特:《埃克哈特大师文集》,荣震华译,商务印书馆 2003
　　年版。

〔英〕乔治·奥威尔:《1984》,刘绍铭译,北京十月文艺出版社 2010
　　年版。

〔印〕《奥义书》,黄宝生译,商务印书馆 2010 年版。

〔印〕《薄伽梵歌》,徐梵澄译,中国佛教文化研究所 1994 年版。

〔美〕比尔·波特:《六祖坛经解读》,吕长清译,南海出版公司 2012
　　年版。

〔古希腊〕(伪)狄奥尼修斯:《神秘神学》,包利民译,商务印书馆 2012
　　年版。

〔美〕费慰梅:《林徽因与梁思成》,成寒译,法律出版社2010年版。

〔澳〕彼得·哈里森:《科学与宗教的领地》,张卜天译,商务印书馆2016年版。

〔荷〕乌特·哈内赫拉夫:《西方神秘学指津》,张卜天译,商务印书馆2018年版。

〔英〕休·汉密尔顿:《印度哲学祛魅》,王晓凌译,译林出版社2013年版。

〔印〕普普尔·贾亚卡尔:《克里希那穆提传》,胡因梦译,深圳报业集团出版社2007年版。

〔美〕F.卡普拉:《物理学之道》,朱润生译,中央编译出版社2012年版。

〔美〕托马斯·卡希尔:《中世纪的奥秘》,朱东华译,北京大学出版社2011年版。

〔美〕约瑟夫·坎贝尔、〔美〕比尔·莫耶斯:《神话的力量》,朱侃如译,浙江人民出版社2013年版。

〔美〕约瑟夫·坎贝尔:《指引生命的神话》,张洪友等译,浙江人民出版社2013年版。

〔印〕克里希那穆提:《心灵日记》,蒋宗强译,中信出版社2013年版。

林语堂:《吾国与吾民》,黄嘉德译,湖南文艺出版社2016年版。

〔日〕铃木俊隆:《禅者的初心》,梁永安译,海南出版社2012年版。

〔日〕铃木俊隆:《禅者的初心》2,蔡雅琴译,海南出版社2015年版。

〔波斯〕鲁米:《鲁米诗选》,白蓝译,华夏出版社2016年版。

〔波斯〕鲁米:《鲁米诗选》,宋兆霖译,人民文学出版社1958年版。

〔比〕J. V.吕斯布鲁克:《精神的婚恋》,张祥龙译,商务印书馆2012年版。

〔德〕马克斯·韦伯:《印度的宗教:印度教与佛教》,康乐、简惠美译,广西师范大学出版社2016年版。

〔德〕马克斯·韦伯:《宗教社会学:宗教与世界》,康乐、简惠美译,广西师范大学出版社2016年版。

〔英〕麦克斯·缪勒：《宗教的起源与发展》，金泽译，广西师范大学出版社 2016 年版。

〔英〕N. 默里：《赫胥黎传》，夏平、吴远恒译，文汇出版社 2007 年版。

〔英〕G. K. 切斯特顿：《方济各传·阿奎那传》，王雪迎译，生活·读书·新知三联书店 2016 年版。

〔印〕商羯罗：《示教千则》，孙晶译，商务印书馆 2012 年版。

〔印〕商羯罗著，斯瓦米·尼哈拉南达英译，王志成汉译并释论：《智慧瑜伽：商羯罗的自我知识》，四川人民出版社 2010 年版。

〔荷〕圣伯尔拿、〔法〕肯培多马：《中世纪灵修文学选集》，章文新译，宗教文化出版社 2011 年版。

〔美〕休斯顿·史密斯：《人的宗教》，刘安云译，海南出版社 2013 年版。

〔美〕肯·威尔伯：《万物简史》，许金声译，中国人民大学出版社 2006 年版。

〔美〕肯·威尔伯：《意识光谱》，杜伟华、苏健译，万卷出版公司 2011 年版。

〔美〕肯·威尔伯：《没有疆界》，许金声译，中国人民大学出版社 2012 年版。

〔荷〕许理和：《佛教征服中国》，李四龙译，江苏人民出版社 2005 年版。

〔美〕米尔恰·伊利亚德：《宗教思想史》第 1 卷，吴晓群译，上海社会科学院出版社 2016 年版。

〔美〕米尔恰·伊利亚德：《宗教思想史》第 2 卷，晏可佳译，上海社会科学院出版社 2016 年版。

〔美〕米尔恰·伊利亚德：《宗教思想史》第 3 卷，晏可佳、姚蓓琴译，上海社会科学院出版社 2016 年版。

〔俄〕乔治·伊万诺维奇·葛吉夫：《与奇人相遇》，刘蕴芳、黄梅峰译，中央编译出版社 2012 年版。

〔俄〕尤金·扎米亚金：《我们》，殷杲译，漓江出版社 2013 年版。

〔美〕威廉·詹姆士：《心理学原理》，唐钺译，北京大学出版社 2013

年版。

〔美〕威廉·詹姆士:《宗教经验之种种》,唐钺译,商务印书馆2002年版。

5. 外文资料

Faivre Antoine and Wouter J. Hanegraaff, *Western Esotericism and the Science of Religion*, Peeters, 1998.

Albert Einstein, *The Human Side*, edited by Helen Dukas & Banesh Hoffman, Princeton University Press, 1954.

Wouter J. Hanegraaff, *New Age Religion and Western Culture*, Brill, 1996.

Wouter J. Hanegraaff, *Dictionary of Gnosis & Western Esotericism*, Brill, 2006.

Wouter J. Hanegraaff, *Esotericism and the Academy*, Cambridge University Press, 2012.

Nicolas Langlitz, *Conclusion:Fieldwork in Perennial Philosophy*, *Neuropsychedelia*, University of California Press, 2013.

John P. Miller, *The Philosophic Context:The Perennial Philosophy, The Holistic Curriculum*, University of Toronto Press, 2007.

Gertrude More and Benedict Weld-Blundell, *The Writings of Dame Gertrude More (1910)*, Kessinger Publishing, 2010.

Chas. S. Braden, "The Perennial Philosophy by Aldous Huxley", *Journal of Bible and Religion*, Vol.14, No. 2 (May, 1946), pp. 121-122.

Paul John Eakin, "The Rhizome and the Flower: The Perennial Philosophy—Yeats and Jung by James Olney", *Criticism*, Vol. 22, No. 4 (Fall 1980), pp. 394-396.

Edward J. Hughes, "Wilfred Cantwell Smith and the Perennial Philosophy", *Method & Theory in the Study of Religion*, Vol. 4, No. 1/2 (1992), pp. 27-46.

Sheldon R. Isenberg and Gene R. Thursby, "A Perennial Philosophy Perspective on Richard Rorty's Neo-Pragmatism", *International Journal for Philosophy of Religion*, Vol. 17, No. 1/2 (1985), pp. 41-65.

Ernest Kilzer, "The Perennial Philosophy by Aldous Huxley", *The American Catholic Sociological Review*, Vol. 6, No. 4 (Dec., 1945), p. 265.

Kathleen Raine, Keshav Malik and Geeti Sen, "In Search of the Perennial Philosophy", *India International Centre Quarterly*, Vol. 31, No. 2/3, Voices at the Centre: The Iic Interviews (Monsoon-Winter 2004), pp. 8-19.

Charles B. Schmitt, "Perennial Philosophy: From Agostino Steuco to Leibniz", *Journal of the History of Ideas 27 (1966)*, pp.505-532.

Jonathan Shear, "On Mystical Experiences as Support for the Perennial Philosophy", *Journal of the American Academy of Religion*, Vol. 62, No. 2 (Summer, 1994), pp. 319-342.

Huston Smith, "Is There a Perennial Philosophy? " *Journal of the American Academy of Religion*, Vol. 55, No. 3 (Autumn, 1987), pp. 553-566.

Chad Walsh, "Pilgrimage to the Perennial Philosophy: The Case of Aldous Huxley", *Journal of Bible and Religion*, Vol. 16, No. 1 (Jan., 1948), pp. 3-12.

Gustav Widmann, "The Perennial Philosophy by Aldous Huxley", *Zeitschrift für philosophische Forschung*, Bd. 4, H. 4 (1950), pp. 618-622.

附录　赫胥黎著作及首版年

《燃烧的车轮》(*The Burning Wheel*) 1916

《约拿》(*Jonah*) 1917

《诗集:〈青春之败〉及其他》(*The Defeat of Youth and Other Poems*) 1918

《丽达》(*Leda*) 1920

《地狱边缘:手记与随笔》(*Limbo: Notes and Essays*) 1920

《铬黄》(*Crome Yellow*) 1921

《致命的线圈:五个故事》(*Mortal Coils: Five Stories*) 1922

《边缘》(*On the Margin*) 1923

《男女滑稽圆舞》(*Antic Hay*) 1923

《小墨西哥人》(*Little Mexican*) 1924

《光秃秃的树叶》(*Those Barren Leaves*) 1925

《途中:手记与随笔》(*Along the Road: Notes and Essays*) 1925

《二三恩典:四个故事》(*Two or Three Graces: Four Stories*) 1926

《旅途日记:一个知识分子的假日》(*Jesting Pilate: An Intellectual Holiday* [*The Diary of a Journey*]) 1926

《新旧随笔集》(*Essays New and Old* [U. S. title: *Essays Old and New*])

1926

《正式的研究》(*Proper Studies*) 1927

《旋律的配合》(*Point Counter Point*) 1928

《随笔集：从心所欲》(*Do What You Will: Essays*) 1929

《短烛》(*Brief Candles*) 1930

《漫谈集:〈文学之庸俗化〉及其他随笔》(*Vulgarity in Literature and Other Essays: Digressions from a Theme*) 1930

《光明之世》(*The World of Light*) 1931

《〈蝉〉及其他诗篇》(*The Cicadas and Other Poems*) 1931

《美丽新世界》(*Brave New World*) 1932

《文本与托词：评论选集》(*Texts and Pretexts: An Anthology of Commentaries*) 1932

《越过墨西哥湾》(*Beyond the Mexique Bay*) 1934

《加沙的盲人》(*Eyeless in Gaza*) 1936

《橄榄树与其他随笔》(*The Olive Tree and Other Essays*) 1936

《汝将何为？：以建设和平为例》(*What are you going to do about it?: The Case for Constructive Peace*) 1936

《目的与手段：论理想之性质与实现理想之手段》(*Ends and Means: An Enquiry into the Nature of Ideals and into the Methods Employed for Their Realizatio*) 1937

《几个夏季之后》(*After Many a Summer Dies the Swan*) 1939

《灰色的卓越：宗教与政治研究》(*Gray Eminence: A Study in Religion and Politics*) 1941

《视觉艺术》(*The Art of Seeing*) 1942

《时间须静止》(*Time Must Have a Stop*) 1944

《长青哲学》(*The Perennial Philosophy*) 1946

《科学、自由与和平》(*Science, Liberty and Peace*) 1946

《猿与本质》(*Ape and Essence*) 1948

《乔康达的微笑》（*The Gioconda Smile*）1948

《主题与变调》（*Themes and Variations*）1950

《劳登的魔鬼》（*The Devils of Loudun*）1952

《知觉之门》（*The Doors of Perception*）1954

《天才与女神》（*The Genius and the Goddess*）1955

《天堂与地狱》（*Heaven and Hell*）1956

《阿多尼斯与字母表及其他随笔》［美国版书名：《明天，明天，明天》］
（*Adonis and the Alphabet and Other Essays*［U.S. title: *Tomorrow and Tomorrow and Tomorrow*］）1956

《重返美丽新世界》（*Brave New World Revisited*）1958

《岛》（*Island*）1962

《文学与科学》（*Literature and Science*）1963

后　记

从 2016 年与张卜天老师合译《长青哲学》，到写就博士论文《赫胥黎〈长青哲学〉的宗教观研究》，再到小书《永恒的智慧：长青哲学论略》出版，转眼已七载。蒙众师长鼓励，我得以在这一兴趣领域信马由缰，乐此而不知疲。

高亨先生说："学问之功，在增其美而释其病，以期为一完人"，幼年初见此语时的欢喜踊跃，即今依旧。"学者，觉也；习者，小鹰试隼也"，小鹰向高空试练新羽，即知即行，不亦悦乎！《尚书》主张"维齐非齐"、庄子卮言"适性逍遥"，小鸟羡慕大鸟飞过天南海北、吃遍山珍海味，大鸟羡慕小鸟不必寒暑苦辛、粒米即可饱腹。其实谁都不必羡慕谁，天下万类，种种不同；食多则多，食少则少，大鸟小鸟，各足其性，食不过一饱。人生如此，治学亦然。有品质的思问，往往始于真正的兴趣，循着兴趣，本着真心，人终会找到与自己天性相契的领域；用力既勤，自会触及源头活水，尝到属于自己的孔颜之乐。长青哲学这一思想传统，其特质在于追求"超上之眼"兼以"敦笃之行"，即探索人与天、与道、与神圣、与本来之间的微妙关系，在各种人类智慧传统中追求永恒真理并将其实践出来，"高高山顶立，深深海底行"。

本书厘清了"长青哲学"传统在西方文化中的地位及其流变绵延的历史，凸显了其会通东西古今、哲学与宗教的特点；对长青哲学的世界观、伦理观、宗教观等进行了分别的、综合的研究，探究了其尚灵性、尚会通、尚直觉、尚实践的特点。"长青哲学"是人类一直在思考和探究的问题，是一门贯通物理、心理、伦理、哲学、宗教的综合学问，是一种贯穿古今、永葆青春与活力的学问，是永恒的智慧之学。蒙朱东华老师提议，书名定为《永恒的智慧：长青哲学论略》。

成书过程得到楼宇烈先生和张祥龙老师的指导，两位师长分别早早赐下书序。楼先生年近九旬，不惜目力而行长文；张老师赐序时，已病情危笃，苦痛加身竟何如！一个半月后，张老师仙逝。每念及此，不禁双目潸然。师兮师兮，师其长青兮！

2022 年，上海和合文化发展基金会发起"涵育英才·激活思想"学术公益项目，致敬人文立本、知行合一的优秀传统文化，鼓励青年学者以文明际对话视野加强对传统文化的阐释，本书有幸入选并得到基金会的全面支持。补山老人欣然为本书题写书名"永恒的智慧"，刘石老师为题写"长青哲学论略"，幸何如之。

本书付梓，实蒙贤姊许力女史、清宁女史及贤兄长詹子睿先生策励。唐文明、朱东华两位博士后合作导师对长青哲学思路的推许，令我的研究心态宽裕笃定。米鸿宾、王瑞昌、陈全林、许春梅、肖磊、葛鹏、蒲宏凌、邰谧侠、张昭炜、雷博、陈立言、陈雅倩、赖和平、王萍、谢安之诸贤师友，曾分别在本书的主旨或思路上贡献意见；出版过程中的统筹和编辑事宜，则多蒙商务印书馆李婷婷、董学美、李学梅三友襄助。

世界各个哲学与宗教传统，教义宗旨各别，而生命力最终都落实在生活方式与解脱途径上，亦即体现在修身法上。借由各自的修身法，儒家涵养出贤人君子，道教出落成真人神仙，佛教成就了祖师菩萨，基督教淬炼出圣徒神使。而无论祖师真人还是圣徒君子，皆是人类中之最伟大高尚者，孜孜奉献于人间，做牛做马，予世界光明，令人钦敬。他们在品性上代表了人类最好的可能性。我期望和读者朋友们一起，以这本不成熟的小书为引子，在几大"圣者养成传统"中往来穿梭，看一看是经由怎样的身心锻炼，圣者才成为圣者的。

梁漱溟说："学问是解决问题的，真正的学问是解决自己的问题。"宗教学泰斗休斯顿·史密斯告诉世人："我之所以回溯世界伟大的智慧传统，主要是为了对自己无法回避的问题有所帮助。"徐梵澄先生说："治学，应是为了人生。""我们不是为学术而学术，却是为人生而学术。"（Non scholae, sed vitae discimus.）这句箴言在西欧学界耳熟能详。研究长青哲学，企向永恒的智慧，根本而言，也是在研究并进而成全我们自己。

王子宁

清华大学蒙民伟人文楼

2023 年 8 月